Jutta Grimm

Magisch fix

Gedruckt auf
100% Recyclingpapier

Jutta Grimm

MAGISCH FIX

Selbst gemachte Basics für die Küche

umweltfreundlich und gesund

fotografiert von Hanna Bien

Verwendete Abkürzungen

TL   Teelöffel
EL   Esslöffel
MSP   Messerspitze

Teelöffel und Esslöffel sind im Zweifelsfall gestrichen gefüllt. Meist kommt es aber auf minimal mehr oder weniger nicht so an. Wenn die genaue Menge wichtig ist, gebe ich sie in Gramm oder Milliliter an.

Inhalt

5

MAGISCH FIX

Mittlerweile 26 Jahre habe ich tagtäglich für eine große Familie gekocht. Für meinen Mann, die vier Kinder, oft und gerne für Freunde und Verwandte. Essen hat bei uns einen hohen Stellenwert. Die gemeinsame Mahlzeit an unserem großen Esstisch war und ist immer noch Mittelpunkt unseres Familienlebens. Dementsprechend lege ich auch sehr viel Herzblut in die Zubereitung der Gerichte.

Ich koche gerne mit hochwertigen Produkten, ich koche möglichst frisch, aber ich koche auch nicht gerne stundenlang. Nicht jede Brühe wird endlos gekocht, nicht jeder Pudding von Grund auf angerührt. Dafür gibt es Helfer, sogenanntes Convenience Food – Lebensmittel mit dem Zusatznutzen Bequemlichkeit. Das kennen sicher die meisten, von der Instant-Brühe (ein teilfertiges und dabei anrührfähiges Convenience-Produkt) bis hin zur Fertigpizza, die nur noch aufgebacken werden muss (ein verzehrfertiges Convenience-Produkt). Dazwischen gibt es ein weites Feld von »bequemem Essen«.

Nun ist dieses bequeme Essen aber nicht nur praktisch, sondern leider oft auch teurer als frische Zutaten und vor allem oft voller Konservierungsstoffe und anderer künstlicher Zusatzstoffe. Am eigenen Leib habe ich das erfahren, als ich vor Jahren Unverträglichkeiten und Allergien entwickelt habe. Es hat eine Zeit lang gedauert, bis ich die Ursachen dafür fand. Aber dann, nach einem längeren Leidensweg, hat sich herausgestellt, dass ich Geschmacksverstärker und einige Zusatzstoffe in Lebensmitteln meiden sollte. Nicht lustig, denn diese Stoffe sind in vielen industriell vorgefertigten Lebensmitteln enthalten.

Damals habe ich damit begonnen, meine eigenen »Convenience«-Produkte herzustellen. Sicher hat es dabei nicht geschadet, dass ich Ernährungstechnik studiert hatte. Auch dass ich bereits in den Achtzigerjahren zur Naturkost gestoßen bin und Zusatzstoffen sowieso schon immer sehr kritisch gegenüberstand. So probierte und tüftelte ich herum,

bis die Rezepturen passten. Und was aus der Not heraus begann, wurde bald schon zum Selbstläufer. Mittlerweile habe ich in meiner Küche viele Gläser, Dosen und Flaschen mit selbst gemachten Würzmitteln. Auch die alltäglichen Dinge wie Puddingpulver, Tortenguss, Sahnefestiger und sogar Backmischungen und noch vieles mehr mache ich jetzt für wenig Geld in sehr guter Qualität selbst. Und zwar genau so, wie es mir und meiner Familie schmeckt. Ohne Geschmacksverstärker, ohne Zusatzstoffe, in Bioqualität.

Convenience Food enthält in der Regel zu viel Zucker, zu viel Salz und zu viel Fett. Auch unter diesem Blickwinkel kommen die selbst gemachten Produkte viel besser weg. Zucker, Salz und auch Fett werden in meinen Rezepturen möglichst sparsam eingesetzt, dienen als Würzmittel oder in etwas höherer Konzentration zur Konservierung. Achten Sie auch hier auf gute Qualität der Rohstoffe!

Noch einmal ganz deutlich: Frische Produkte frisch zubereitet sind natürlich am allerbesten. Aber wenn es schnell gehen soll, ist das selbst gemachte bequeme Essen der Kaufversion vorzuziehen. Da weiß man, was alles drin ist!

Als Freunde immer häufiger fragten, wie denn das eine oder andere Rezept funktioniere, wurde die Idee zu diesem Buch geboren. Ich stehe schließlich nicht alleine mit dem Wunsch, in meiner Ernährung ohne Zusatzstoffe auszukommen. Und damit nicht jeder das Rad neu erfinden muss, möchte ich Ihnen die Entwicklungsarbeit ersparen und zeige Ihnen meine ganz persönliche magisch fixe Küche.

Ich wünsche Ihnen viel Freude dabei!

Ihre

Praktische Hinweise

Zutaten

Die Wahl der Zutaten liegt ganz bei Ihnen. Bio und regional ist natürlich am besten für uns und die Umwelt, aber nicht immer für jeden verfügbar. Versuchen Sie es dennoch, und kaufen Sie so gesund wie möglich für sich und Ihre Familie ein!

Ich verwende als Zuckerart in vielen Rezepten Roh-Rohrzucker. Dieser Zucker dient dabei entweder als Konservierungsmittel oder als Gewürz. Als Gewürz wird er möglichst sparsam eingesetzt. Honig und andere Süßungsmittel sind für meine selbst gemachten Mischungen meist nicht so gut einzusetzen oder einfach zu schade. Honig als Naturprodukt verwende ich lieber unverarbeitet.

Mehl steht in meinen Rezepten als Platzhalter für Weizenmehl oder Dinkelmehl. Ist nichts anderes angegeben, können Sie in diesen Fällen entweder ganz oder auch nur teilweise Vollkornmehl verwenden. Das ist Geschmackssache. Vollkornmehl bindet mehr Flüssigkeit als weißes Mehl, deshalb beim Backen eventuell etwas mehr Wasser zugeben.

Für manche Rezepte verwende ich Alkohol als Lösungsmittel, beispielsweise für meine Extrakte. Von diesen Extrakten werden in der Regel nur sehr kleine Mengen beim Kochen und Backen eingesetzt, sodass die Alkoholmenge im fertigen Gericht sehr gering ist.

Tipps zur Haltbarkeit

Ich gebe für die meisten Rezepte einen Richtwert zur Haltbarkeit des fertigen Produktes an. Das ist in der Regel ein Erfahrungswert aus meiner Küche. Dabei setze ich voraus, dass bei der Herstellung sehr sauber und sorgfältig gearbeitet wird und die Zutaten einwandfrei sind.

Wird aus einem Glas nur teilweise etwas entnommen, immer einen sauberen Löffel dafür nehmen. So kommt es nicht zu Verunreinigungen und Schimmelbefall.

Auch für den Eigenbedarf die Gläser, Töpfchen, Flaschen und Tiegel gut beschriften. Inhalt, Abfülldatum und eventuell die Dosierung sollten daraufstehen. Das kann man mit schön gestalteten Etiketten, Aufklebern oder auch einfach mit einem wieder abwaschbaren Kreidestift machen. Glauben Sie mir, nach vier Wochen wissen Sie sonst nicht mehr, was Sie da alles gerührt haben ...

Tipps zum Einkochen

- Die Gläser und Deckel vor dem Einkochen immer heiß spülen. Verwendet man Einkochgläser mit Gummiringen, die Gummiringe nicht mit Spülmittel säubern, sondern einige Minuten in Wasser auskochen, dem ein Schuss Essig zugesetzt wurde. Gummiringe und gegebenenfalls auch Einkochgläser und Deckel können bis zum Befüllen im heißen Wasser bleiben. Auch im Backofen kann man Gläser und Deckel sterilisieren. Dafür stellt man sie bei 100 °C (Umluft) etwa 15 Minuten in den Ofen. Zum Entnehmen aus Wasser und Ofen ist eine Zange praktisch.

- Besonders einfach ist die Verwendung von Twist-off-Gläsern: Gläser heiß befüllen und sofort Deckel fest aufschrauben. Beim Abkühlen entsteht ein Vakuum, das den Inhalt gut schützt. Der Deckel muss beim Öffnen »ploppen«.

- Heiße Flüssigkeiten oder heiße Saucen immer in heiße Gläser einfüllen. Die Gläser also immer vorher erhitzen, damit sie nicht platzen. Es hilft auch, das Glas beim Befüllen auf einen feuchten Lappen zu stellen.

- Die Gläser beim Einkochen immer randvoll füllen, damit möglichst wenig Luft im Glas bleibt.

Ich verwende zum Aufbewahren meiner selbst gemachten Produkte kein Plastik. Sammeln oder kaufen Sie lieber Twist-off-Gläser oder andere Behältnisse aus Glas. Glas lässt sich sehr sauber spülen, ist wiederverwertbar und gibt keine ungesunden Substanzen an das Lebensmittel ab. Und es sieht viel schöner aus!

Kontrollieren Sie die Produkte vor dem Verzehr sowohl optisch (Schimmel?) als auch sensorisch (riecht oder schmeckt etwas komisch?). Die Lebensmittelindustrie hat uns das Vertrauen in unsere Sinne genommen. Lernen Sie wieder, Ihren Sinnen zu vertrauen. Normalerweise erkennt man, wenn etwas schlecht geworden ist.

Pulver und ganz trockene Produkte haben auch ohne besondere Schutzmaßnahmen eine lange Haltbarkeitszeit. Achten Sie aber darauf, dass die Gläser luftdicht schließen und keine Feuchtigkeit in das Glas gelangen kann.

Zum Befüllen verwende ich gerne einen Einmach-Trichter. Durch seine große Öffnung passen auch stückige und dickflüssige Produkte gut hindurch und der Rand des Glases bleibt sauber. Sollte doch einmal etwas daneben gehen, den Rand mit einem feuchten Tuch sorgfältig wieder sauber wischen! Um Pulver und Gewürze in kleine Behältnisse zu füllen, drehe ich mir gerne einen Trichter aus Papier. So geht alles ins Glas und nichts daneben.

Sirup und Extrakt sind durch ihren Gehalt an Zucker oder Alkohol konserviert. Sie sind auch angebrochen ohne Kühlschrank eine Zeit lang gut haltbar. Nur Beerensirup sollte kühl und dunkel gelagert werden.

DÖRREN

Für unsere selbst gemachten Pulver und Mischungen sind getrocknete Zutaten besonders praktisch. Von Zwiebelpulver über Gemüsebrühe bis Apfelschalen-Tee bekommt man leckere, gesunde und vor allem praktische Produkte. Eben magisch fix ...

Dörren ist eine sehr alte Technik, die schon seit Urzeiten praktiziert wird. Damals wurde überschüssige Nahrung auf Steinen oder über Ästen getrocknet. So konnte der Überschuss für die magereren Zeiten aufgehoben werden. Diese Technik machen wir uns heute, wenn auch etwas komfortabler mit Geräten, ebenfalls zunutze: Beim Trocknen wird dem Lebensmittel Wasser entzogen und somit den Mikroorganismen, die den Verderb bewirken, die Lebensgrundlage genommen. Das Lebensmittel wird damit haltbarer und oft auch geschmacksintensiver. Vergleichen Sie eine frische mit einer getrockneten Tomate.

Es lohnt sich, Lebensmittel selbst zu dörren. Zum einen ist das eine gute Alternative, wenn im Garten gerade mal wieder zu viel auf einmal reif geworden ist. Auch bei Zugekauftem, das wir trocknen möchten, können wir ganz gezielt die Qualität, die Sorten und Arten aussuchen, die wir haben möchten. Zum anderen bleiben beim Dörren neben den Mineralstoffen auch die Vitamine – anders als beim Konservieren durch Einkochen – weitgehend erhalten. Und natürlich sind unsere selbst gedörrten Lebensmittel frei von Zusatzstoffen.

Lagern Sie gedörrte Lebensmittel immer in dicht schließenden Gläsern. Eine Kühlung ist nicht nötig, allerdings sollte das Trockengut keine Feuchtigkeit aus der Luft aufnehmen können. Ab einem Wassergehalt kleiner 35 Prozent vermehren sich die meisten Mikroorganismen nicht mehr und das Lebensmittel ist damit haltbar. Schimmelpilze brauchen allerdings nur einen Wassergehalt größer 15 Prozent. Deshalb die gedörrten Lebensmittel ab und zu auf Schimmel kontrollieren. Ich habe damit noch keine schlechten Erfahrungen gemacht, aber sicher ist sicher.

Dörrmethoden

Trocknen an der Luft

Vor allem Kräuter, aber auch Apfelringe oder Pilze können gut an einem trockenen, möglichst luftigen Ort aufgehängt und dort getrocknet werden. Im Sommer kann man an heißen Tagen auch Gemüsescheiben wie Tomaten oder Zucchini auf Trockengestellen, den sogenannten Darren, trocknen. Legen Sie in diesem Fall immer ein dünnes Gewebe als Fliegenschutz über die Lebensmittel.

Dörren im Backofen

Wenn Sie nur sehr selten etwas trocknen oder erst einmal ausprobieren möchten, ob Ihnen diese Technik zusagt, können Sie Lebensmittel im Backofen bei 50 – 70 °C (Umluft) trocknen. Lassen Sie die Ofentür einen kleinen Spalt breit offen, damit die Feuchtigkeit abziehen kann. Dazu kann man ein gefaltetes Küchenhandtuch oder einen Kochlöffel in die Tür einklemmen. Trocknen im Backofen ist leider energieaufwendig. Das Trocknen dauert mehrere Stunden und durch die geöffnete Tür wird auch noch Wärme an die Umgebung abgegeben. Von Nachteil ist außerdem, dass die Temperatur meist nicht besonders fein eingestellt werden kann und die Einstellung am Regler auch erst bei 50 °C beginnt.

Dörren im Dörrautomaten

Im Dörrautomaten können Lebensmittel schonend und relativ energiesparend getrocknet werden. Die Temperatur lässt sich fein justieren und auch die Luftumwälzung ist optimal. Dörrautomaten werden in sehr unterschiedlichen Qualitäten und Preisklassen angeboten. Mir persönlich ist wichtig, dass mein Dörrautomat Trockengitter aus Edelstahl statt aus Kunststoff besitzt und auch niedrige Temperaturen (35 °C, Rohkostqualität) möglich sind. Vergleichen Sie die unterschiedlichen Angebote!

Dörren im Solartrockner

Die energiesparendste Version unter den Geräten zum Trocknen ist ein Solartrockner. Wer handwerklich versiert ist, kann einen Solartrockner selbst bauen. Literatur dazu findet man im Buchhandel oder im Internet. Auch fertige Solartrockner sind erhältlich.

15

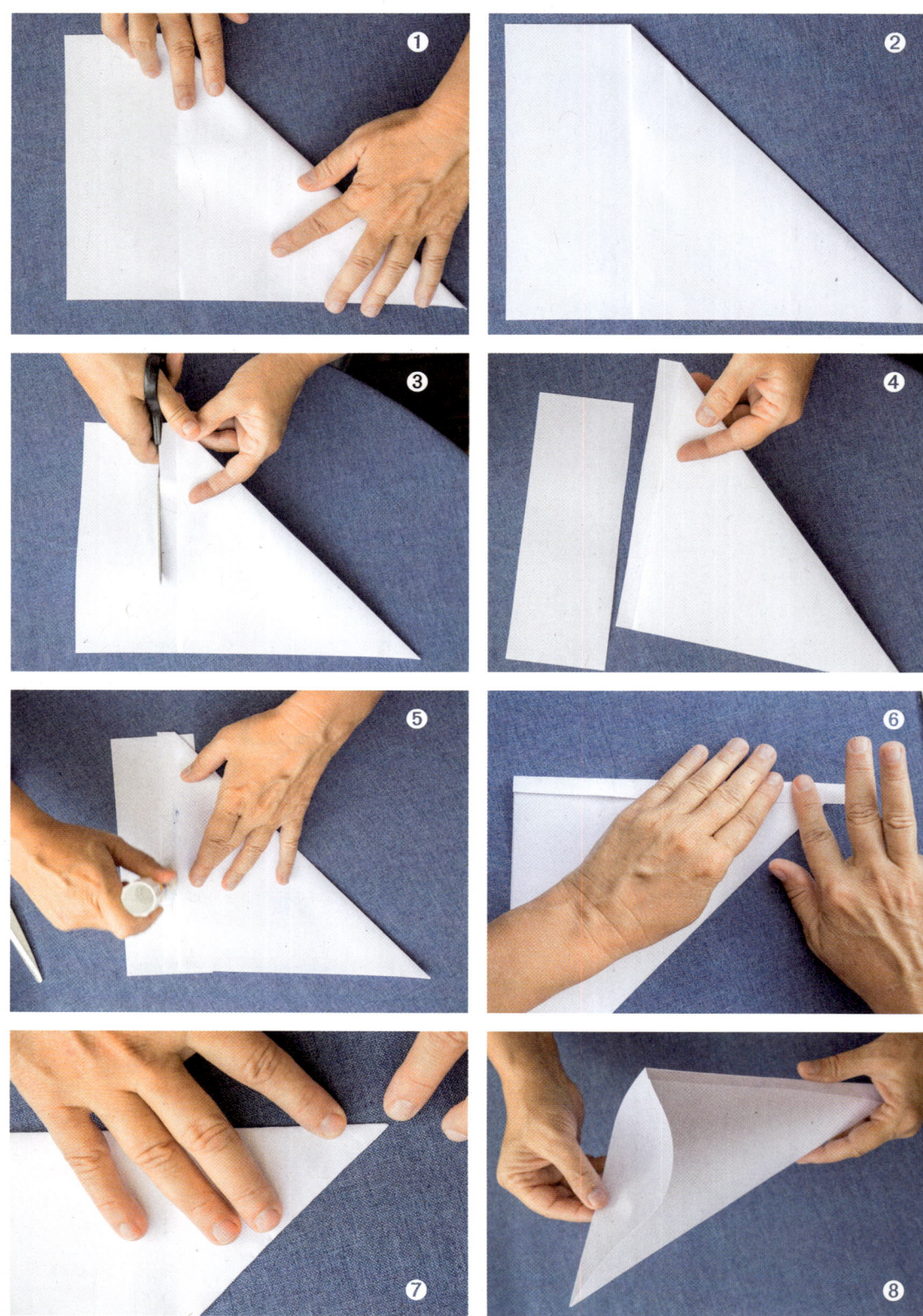

Statt Blumen

Selbstgemachtes aus der Küche ist immer ein schönes Mitbringsel: persönlich, nett, kostet nicht die Welt und – was ich als enormen Vorteil sehe – es lässt sich aufbrauchen. Allerdings sollten auch etwas Liebe und Sorgfalt in die Verpackung fließen. Dazu möchte ich hier ein paar Tipps geben.

Wenn ich etwas verschenken möchte, schaue ich erst einmal in meinem Fundus nach gebrauchten Gläsern, Dosen mit Deckeln und Pappschachteln. Diese sind natürlich sauber und von den alten Etiketten befreit. Wenn ich dort nichts finde, gucke ich nach meinen »neu gekauften« Einmachgläsern oder Twist-off-Gläsern, Flaschen oder Dosen.

Darauf kommt dann immer ein schönes Etikett. Das kann je nach Zeit und Lust von Hand beschrieben, am Computer erstellt und ausgedruckt, gestempelt oder gekauft sein. So ein Etikett pimpt ein altes Schraubglas enorm auf. Oder ich schreibe alles Wichtige mit einem Kreidestift in Schönschrift direkt auf das Glas. Auf das Etikett schreibe ich den Namen des Produktes, das Herstelldatum oder Verfallsdatum und wenn nötig eine Dosierung oder Gebrauchsanweisung. Oder ich nutze einen Anhänger, der mit einem schönen Bändchen angebracht wird. Das ist besonders bei größerer Textmenge einfacher.

Wenn es passt, verkleide ich den Deckel noch mit einem Häubchen aus Papier, Textil oder einem kleinen Kuchendeckchen. Hilfreich beim Verpacken sind immer Kordel und Geschenkband.

Tees und größere Mengen an Pulver verschenke ich gerne in selbst gebastelten Spitztüten. Wie man diese falten kann, zeige ich auf der nebenstehenden Seite. Bei fetthaltigen Mixturen greife ich dabei lieber zu beschichtetem Papier, wie Backpapier oder Wachspapier, oder zu nicht beschichtetem Pergamentpapier oder Pergamin.

Meist ist es witzig, andere Behältnisse zweckzuentfremden: die Takeaway-Box vom Chinesen, Reagenzgläser, Cupcake-Formen oder Trinkbecher aus Pappe. Auch Tütchen aus Zellglasfolie (Zellophan) verwende ich sehr gern. Zellglas ist glasklar, gibt aber anders als Plastik keine ungesunden Substanzen wie Weichmacher an die Lebensmittel ab.

Fotos links: Falten, schneiden, kleben –
so einfach ist die Spitztüte gebastelt.

Kleine schnelle Geschenkideen mit
Selbstgemachtem: Ob in der Take-away-Box,
im Zellophantütchen, in kleinen Flaschen,
Dosen oder Beuteln – immer eine schöne Idee!

Lavendel-Sirup
Juli 2017

Um nicht zu tief in die Seitenbretter zu bohren, ein Stück Washi Tape in der richtigen Höhe am Bohrer anbringen. Klingt unglaublich, hilft aber wirklich. Washi Tape ist ein Klebeband aus Reispapier, das ursprünglich aus Japan kommt. Es wird gerne für Dekozwecke und zum Basteln verwendet. Das Tape lässt sich einfach reißen und wieder abziehen.

KÜCHENREGAL DIY

Wer wie ich viele magisch fixe Produkte vorrätig hat, möchte diese auch schön und gut lagern und schnell greifen können. Dafür habe ich mir ein Regal gebaut, das große und kleine Gläser aufnimmt und sogar noch Glasschütten hat, in denen Kleinigkeiten verschwinden können. Auch hier gilt: So individuell wie selbst gemacht gibt es kein Regal zu kaufen.

Breite und Höhe des Regals sind genau auf meine Küche zugeschnitten, die Tiefe ergibt sich aus den Glasschütten vom Flohmarkt und den Aufbewahrungsgläsern. Mein Regal ist 48 cm breit, 125 cm hoch und 14,5 cm tief. Für Ihr Regal können das Anhaltswerte sein, wichtiger sind aber Ihre persönlichen Wünsche.

Mein Regal ist aus unbehandelten Fichtenholzbrettern (18 mm stark), die ich auch selbst nicht weiter behandelt habe. So passt es wunderbar in meine Küche. Natürlich kann man das Holz vor dem Zusammenbau auch ölen oder streichen.

Das Holz habe ich gleich im Baumarkt nach meiner Liste zuschneiden lassen. So schön sauber und exakt könnte ich das gar nicht mit unserer Stichsäge. Dann habe ich in die Seitenbretter mithilfe einer selbst gemachten Schablone 5 mm tiefe Löchern gebohrt, sodass ich die Regalbretter später einfach in der Höhe verstellen kann. In diese Löcher kommen Stützstifte, die Regalbretter werden dann einfach daraufgelegt.

Die senkrechten Abtrennungen zwischen den Glasschütten sind einfach mit Holzleim festgeklebt. Hält trotzdem richtig fest. Das obere Regalbrett und die Bretter für das Schüttenregal habe ich fest angeschraubt, damit das Regal insgesamt stabil wird. Außerdem habe ich es mit Winkeln an der Wand befestigt. Ich bin schon ziemlich stolz darauf, das Regal wirklich von Anfang bis Ende eigentlich nur mit einem Akkuschrauber selbst gebaut zu haben. Und in meiner Küche ist es ein echter Blickfang!

Salz und Zucker

Salzmischungen

Bei Salzmischungen sind der Fantasie keine Grenzen gesetzt. Man nehme Salz als Träger-mittel und gebe geschmacksgebende Zutaten dazu. Das Ganze wird im Mixer, mit einem Pürierstab oder von Hand zu einer mehr oder weniger homogenen Paste verarbeitet und dann getrocknet. Das kann über Nacht an der Luft oder schneller im Dörrautomaten oder im Backofen geschehen. Wenn die Paste ganz durchgetrocknet ist, entweder noch einmal pürieren, sodass sich die Mischung gut streuen lässt, und in ein Glas füllen. Oder in eine Salzmühle füllen und erst beim Verwenden mahlen. Ich nehme für den Ansatz gerne grobes Salz, damit die Salzmischung nach dem Pürieren nicht zu fein wird. Aber das ist Geschmacksache.

❖ Die folgenden Rezepte ergeben diese **Mengen:** 100 – 125 g pro Mischung
❖ **Aufbewahrung:** trocken und dunkel, dicht verschlossen, haltbar mindestens 6 Monate

Basilikumsalz

Schön wegen seiner intensiv grünen Farbe und lecker vor allem zu Tomatenbrot!

100 g grobes Meersalz
20 g frisches Basilikum
1 TL abgeriebene Zitronenschale (siehe auch Seite 101)

❖ Salz mit den anderen Zutaten pürieren. Gut durchtrocknen lassen.

Tipp

Vom Basilikum ruhig auch die Stängel mitverwenden. Wer gerne ein violettes Salz haben möchte, kann rotblättriges Basilikum verwenden. Sieht toll aus!

TOMATENSALZ

Probieren Sie das Tomatensalz einmal zu Käse, auch zu geschmolzenem …

100 g grobes Meersalz
25 g getrocknete Tomaten
1 TL getrockneter Oregano

❋ Salz mit den anderen Zutaten pürieren. Gut durchtrocknen lassen.

BUTTERBROTSALZ

Frisches Brot, kühle Butter und darauf das selbst gemachte Butterbrotsalz. Himmlisch!

50 g grobes Meersalz
4 EL Röstzwiebeln (Rezept siehe Seite 141)
1 TL Roh-Rohrzucker
3 TL Paprikapulver edelsüß
1 TL Currypulver
1 TL Knoblauchpulver (Rezept siehe Seite 142)
½ TL Kreuzkümmel, gemahlen

❋ Salz, Röstzwiebeln und Zucker im Mixer mittelfein mahlen.
❋ Mit den anderen Gewürzen mischen.

Tipp

Eine schnelle Würzbutter bekommen Sie, wenn Sie 200 g weiche Butter mit 1 – 2 EL Butterbrotsalz verkneten und im Kühlschrank wieder fest werden lassen.

Balsamico-Salz

etwa 2 TL Balsamico
100 g grobes Meersalz

❋ So viel Balsamico unter das Salz rühren, bis alle Körner gerade benetzt sind. Die Mischung sollte nicht zu feucht werden. Gut durchtrocknen lassen.

Olivensalz

100 g grobes Meersalz
20 g schwarze Oliven, entsteint
1 TL getrockneter Rosmarin

❋ Salz mit den anderen Zutaten pürieren. Gut durchtrocknen lassen.

Himbeersalz

Himbeersalz ist bei Desserts oder Gebäck das Tüpfelchen auf dem i.
Passt auch gut zu Salaten oder einfach aufs Butterbrot.

100 g grobes Meersalz
20 g Himbeeren
nach Wunsch 3 Blättchen Minze

❋ Salz mit den anderen Zutaten pürieren. Gut durchtrocknen lassen.

GOMASIO

Gomasio ist ein japanisches Würzmittel, das auch in der Makrobiotik Anwendung findet. Der Name leitet sich von den beiden Zutaten her, aus denen es besteht: goma (Sesam) und shio (Salz). Gomasio wird über herzhafte Speisen wie Suppen, Salate oder Getreidegerichte gestreut, es soll nicht mitgekocht werden.

Das Verhältnis von Salz zu Sesam ist Geschmackssache: von 5:1 für Hartgesottene (extrem salzig!) bis normalerweise 10:1 bis 15:1 (angenehme Würze). Probieren Sie aus, was Ihnen am besten schmeckt!

❖ Das folgende Rezept ergibt diese **Menge:** 75 – 100 g
❖ **Aufbewahrung:** trocken und dunkel, dicht verschlossen, haltbar mindestens 1 Jahr

10 – 15 EL Sesam
1 EL Meersalz

✳ Den Sesam in einer Schüssel mit lauwarmem Wasser waschen, in ein Sieb geben und gut abtropfen lassen.
✳ Das Salz in einer trockenen, schweren Pfanne unter Rühren rösten, aber nicht bräunen. Aus der Pfanne nehmen und zur Seite stellen. Den abgetropften Sesam in die Pfanne geben und gleichmäßig rösten, bis er goldbraun ist. Sesam zum Salz geben und im Mörser oder Mixer mahlen, bis das Ganze die Konsistenz von feuchtem Sand hat. Nicht zu glatt vermahlen! In einem gut schließenden Gefäß aufbewahren.

Tipp

Traditionell wird Gomasio in einem Suribachi zubereitet. Das ist eine Reibschale ähnlich dem Mörser, die aber mit Rillen versehen ist und mit einem Holzstößel (Surikogi) verwendet wird.

ZUCKERMISCHUNGEN

Mit wenigen Handgriffen können Sie aus Zucker etwas ganz Besonderes machen. Geben Sie duftende, essbare Blüten dazu oder mischen Sie ihn mit Gewürzen. Sie bekommen damit einen Zucker, der nicht nur anders schmeckt, sondern auch für Nase und Augen mehr bietet. Die nachfolgenden Rezepte sollen Ihnen Anregungen dazu geben. Ein Rezept für Vanillezucker steht auf Seite 100.

❖ Die folgenden Rezepte ergeben diese **Mengen:**
   etwa 250 g (Rosenzucker, Zimtzucker, Lavendelzucker), 200 g (Mohnzucker)
❖ **Aufbewahrung:** trocken und dunkel, dicht verschlossen, haltbar mindestens 1 Jahr

ROSENZUCKER
2 EL getrocknete Rosenblütenblätter
250 g Roh-Rohrzucker
½ TL Vanillepulver (Rezept siehe Seite 100)
   oder 1 EL Vanillezucker (Rezept siehe Seite 100)

✳ Die Rosenblütenblätter fein zerbröseln. Das geht gut mit einem Nudelholz. Mit dem Zucker und dem Vanillepulver oder Vanillezucker in einem Glas mischen und Deckel fest schließen. Einige Tage durchziehen lassen, dabei ab und zu schütteln.

ZIMTZUCKER
250 g Roh-Rohrzucker
2 TL Zimtpulver

✳ Zucker und Zimt miteinander mischen.
✳ In einem dicht schließenden Glas aufbewahren.

MOHNZUCKER

Pur oder mit geschmolzener Butter zu Waffeln oder Pfannkuchen.
Und natürlich zu Germknödeln ...

100 g Roh-Rohrzucker
100 g Mohn

* Zucker und Mohn im Mixer zu feinem Pulver verarbeiten.
* In einem dicht schließenden Glas aufbewahren.

LAVENDELZUCKER

Probieren Sie Lavendelzucker im Dessert oder Plätzchen mit Lavendelzuckerguss.
Dafür den Zucker eventuell zu Puderzucker vermahlen.

250 g Roh-Rohrzucker
2 EL frische Lavendelblüten

* Zucker und Blüten in einem Glas mischen und Deckel fest schließen. Einige Tage stehen lassen, ab und zu schütteln. Wer den Lavendel nicht im Zucker haben möchte, kann ihn in ein kleines Säckchen füllen und so in den Zucker geben. Nach ein paar Tagen die Blüten aus dem Zucker nehmen. Es macht aber auch optisch etwas her, die Lavendelblüten im Zucker zu belassen.

Natürlich bunt färben

Wenn es einmal bunt werden soll, können Sie statt mit künstlichen Lebensmittelfarben auch natürlich färben. Je nachdem, was Sie zubereiten möchten, können Sie das Lebensmittel direkt färben, zum Beispiel Zuckerguss oder Eiscreme. Oder Sie färben Zucker ein und lassen ihn gut durchtrocknen. Natürlich kommen nicht die knalligen Farben der Lebensmittelindustrie dabei heraus, aber dafür sind unsere Farben auch noch gesund:

- Pürierte Himbeeren, pürierte Erdbeeren oder Rote-Bete-Saft färben pink.
- Pürierter Spinat färbt grün.
- Pürierte Heidelbeeren färben lila.
- Kurkumapulver oder Safran färben gelb.
- Karottensaft färbt zartorange.

AROMATISIERTER HONIG

Honig an sich ist schon lecker, aber haben Sie schon mal aromatisierten Honig probiert? Ein Gedicht! Aromatisieren heißt in diesem Fall, dass Kräuter oder Gewürze in den Honig eingelegt werden und dort ein paar Wochen lang ziehen müssen. Je länger, desto mehr Geschmack bekommt der Honig. Probieren Sie ihn auf Brot oder als Süßungsmittel für Desserts.

Keine Angst, normalerweise schimmelt oder verdirbt da nichts. Wir verwenden nur abgetrocknete (keine nassen) Kräuter und Gewürze. Falls Sie die Aromazutaten vorher waschen wollen, müssen sie dann wieder sehr gut abgetrocknet sein. Achten Sie außerdem darauf, dass immer alle Zutaten im Glas vom Honig bedeckt sind. Wenn der Honig etwas kristallisiert, stellt man ihn in ein warmes Wasserbad, bis sich die Zuckerkristalle wieder gelöst haben.

❖ Die folgenden Rezepte ergeben diese **Mengen:** etwa 500 g pro Mischung
❖ **Aufbewahrung:** trocken und dunkel, dicht verschlossen, haltbar mindestens 1 Jahr

ROSMARIN-HONIG

Rosmarin-Honig und Thymian-Honig schmecken sehr gut auf Ziegenkäse, gerne auch etwas angewärmt!

1 Glas flüssiger Honig (500 g)
1 – 2 Zweiglein frischer Rosmarin, gut abgetrocknet

THYMIAN-HONIG

1 Glas flüssiger Honig (500 g)
5 – 6 Zweiglein frischer Thymian, gut abgetrocknet

SALBEI-HONIG

Dieser Honig schmeckt leicht streng, hat sich aber bei Erkältungen und Halsschmerzen bewährt. Deshalb ist er hier auch erwähnt. Einen Löffel davon in warmen Tee einrühren.

1 Glas flüssiger Honig (500 g)
etwa 8 Blätter frischer Salbei, gut abgetrocknet

LAVENDEL-HONIG

1 Glas flüssiger Honig (500 g)
einige Stängel frischer Lavendel samt Blüten, gut abgetrocknet

VANILLEHONIG

1 Vanilleschote
1 Glas flüssiger Honig (500 g)

✳ Die Vanilleschote längs aufschneiden und das Mark herauskratzen. Die Schote eventuell halbieren, damit sie besser ins Glas passt. Mark und Schote in das Honigglas geben und mischen. Lecker!

ZIMTHONIG

1 Glas flüssiger Honig (500 g)
je nach Größe 1 – 2 Stangen Zimt

SIRUP

Die Idee von Sirup ist, ein haltbares und schmackhaftes Konzentrat herzustellen, sozusagen eine Art »flüssiges Gewürz« aus Zucker, Wasser und Geschmack gebenden Stoffen. Sirup schmeckt besonders lecker in kalten oder heißen Getränken und zu Milchprodukten, Süßspeisen und Desserts.

Wenn ich etwas größere Mengen Sirup koche, sterilisiere ich die gut gespülten Flaschen, in die ich den Sirup füllen möchte, vorher im Backofen. Ich stelle die Flaschen dazu in den kalten Ofen, heize ihn auf 100 °C (Umluft) und lasse die Flaschen dann noch 10 Minuten darin stehen. Alternativ die Flaschen mit heißem Wasser ausspülen. Den Sirup heiß in die noch heißen Flaschen abfüllen.

Ich benutze für die hier vorgestellten Sirupvarianten Roh-Rohrzucker. Im Prinzip geht es aber auch mit anderen Süßungsmitteln. Honig ist mir dafür zu schade, da bei einer Erwärmung über 40 °C ernährungsphysiologisch wertvolle Inhaltsstoffe des Honigs verloren gehen. Und Ahornsirup hat mir dafür zu viel Eigengeschmack.

Achtung: Sirup dickt noch nach, wenn er abkühlt. Zur Probe deshalb ein paar Tropfen davon auf eine Untertasse geben und erkalten lassen. Wenn er noch nicht dick genug ist, noch weiter einkochen lassen.

❖ Die folgenden Rezepte ergeben diese **Mengen:**
Als Faustregel gilt: Die eingesetzte Menge Flüssigkeit entspricht etwa der Menge an fertigem Sirup.
❖ **Aufbewahrung:** kühl und dunkel, dicht verschlossen, haltbar mindestens 6 Monate

Vanillesirup

1 Vanilleschote
125 g Roh-Rohrzucker
250 ml Wasser
eventuell 1 EL Vanille-Extrakt (Rezept siehe Seite 96)

❊ Die Vanilleschote längs aufschneiden und das Mark herauskratzen. Die Schote in kleinere Stücke schneiden. Mark und Schote mit dem Zucker und Wasser in einen Topf geben und gut rühren, bis sich der Zucker gelöst hat. Die Mischung 15 Minuten oder länger bei kleiner Hitze offen köcheln lassen, bis die gewünschte Konsistenz erreicht ist.
❊ Gegebenenfalls den Vanille-Extrakt unterrühren, noch kurz erhitzen und heiß in eine saubere Flasche abfüllen. Wenn die Vanilleschoten-stücke stören, den Sirup vor dem Abfüllen noch heiß durch ein Sieb gießen.

Chai-Sirup

Es können ganze oder gemahlene Gewürze verwendet werden, was man gerade zur Hand hat. Nimmt man gemahlene Gewürze, wird der Sirup deutlich dunkler.

2 Stangen Zimt
5 Körner Piment
1 TL Gewürznelken
1 TL Kardamom
etwas Vanillepulver (Rezept siehe Seite 100)
*   oder Vanille-Extrakt (Rezept siehe Seite 96)*
1 EL frischer Ingwer, gehackt
500 ml Wasser
250 g Roh-Rohrzucker

* Die Gewürze in das Wasser geben und kurz aufkochen lassen. Den Zucker hinzufügen und unter Rühren auflösen. Nun bei kleiner Hitze 15 Minuten offen köcheln lassen, bis die Flüssigkeit sirupartig ist. Etwas abkühlen lassen und durch ein Sieb in eine saubere Flasche abfüllen.

Tipp

Etwas von dem Sirup in ein Glas geben und mit schwarzem Tee und heißer Milch aufgießen. Ich mag ein Verhältnis von zwei Teilen Tee zu einem Teil Milch. Oder auch nur mit Tee. Oder im Caffè latte. Einfach mal probieren!

35

INGWERSIRUP

Ingwersirup ist lecker und wärmt auch von innen. Etwas davon mit heißem Wasser zum Getränk aufgegossen, wirkt vorbeugend bei den ersten Anzeichen von Erkältungen. Kalt in Mineralwasser gegeben, schmeckt er als vereinfachte Version von Ginger Ale im Sommer sehr erfrischend.

200 g frischer Ingwer
500 ml Wasser
1 Zitrone
300 g Roh-Rohrzucker

✳ Ingwer schälen und in nicht zu dicke Scheiben schneiden. Zusammen mit dem Wasser aufsetzen und etwa 30 Minuten offen köcheln lassen. Die Flüssigkeit durch ein Sieb abgießen und auffangen. Den Saft der Zitrone auspressen. Den Ingwersud mit dem Zucker und dem Saft der Zitrone wieder aufkochen und offen köcheln lassen, bis die gewünschte Konsistenz erreicht ist. Heiß in eine saubere Flasche abfüllen.

KARAMELLSIRUP

400 g Roh-Rohrzucker
300 ml heißes Wasser

✳ Zucker in einem Topf unter Rühren karamellisieren lassen. Aufpassen, dass er nicht zu dunkel wird! Mit etwas heißem Wasser ablöschen. Dann nach und nach das restliche Wasser dazugeben. Weiter rühren und köcheln, bis sich alles gelöst hat. Heiß in eine saubere Flasche abfüllen.

———————————————————————————————————— **Varianten**

Karamell-Vanille-Sirup (das Mark einer Vanilleschote plus Schote mitköcheln lassen) oder Karamell-Chili-Sirup (¼ – ½ TL Pul Biber mitköcheln lassen). »Pul Biber« ist der türkische Name für getrocknete und zerstoßene Chilischoten. In diesem Buch meine ich das reine Produkt, nicht die Mischung mit Salz und anderen Gewürzen.

SCHOKOLADENSIRUP

250 ml Wasser
200 g Roh-Rohrzucker
100 g Kakaopulver
1 TL Vanille-Extrakt (Rezept siehe Seite 96)
nach Wunsch 1 Prise Meersalz

❈ Wasser und Zucker unter Rühren zum Kochen bringen. Den Kakao mit wenig Wasser anrühren, dazugeben und gut unterrühren. Den Vanille-Extrakt und gegebenenfalls eine Prise Salz unterrühren und kurz mitkochen lassen. Heiß in eine saubere Flasche abfüllen.

NUSS-SIRUP

Für diesen Sirup können Sie Nüsse aller Art ausprobieren.
Besonders fein schmeckt er mit Haselnüssen.

100 g Nüsse, gehackt
250 g Roh-Rohrzucker
250 ml heißes Wasser

❈ Die Nüsse bei mittlerer Hitze ohne Fett in einer Pfanne anrösten. Dabei die ganze Zeit rühren und beobachten, damit sie nicht zu dunkel werden. Den Zucker dazugeben und unter Rühren karamellisieren lassen. Mit dem heißen Wasser ablöschen und weiterköcheln lassen, bis sich der Zucker ganz gelöst hat und die gewünschte Konsistenz erreicht ist.
❈ Den Sirup durch ein sehr feines Sieb abgießen, damit die Nussstückchen zurückgehalten werden. Heiß in eine saubere Flasche abfüllen.

Tipp

Die Nüsse können hinterher noch für einen Nachtisch oder zum Backen weiterverwendet werden.

Sirup aus Beeren, Blüten und Kräutern

Selbst gemachter Sirup aus Beeren, Blüten und Kräutern schmeckt lecker in Mineralwasser, zu Sekt und ganz bestimmt zu einer ganzen Menge anderer Gelegenheiten. Gerade im Sommer ein Genuss!

Keine Angst vor der hohen Zuckermenge. Sirup wird als Konzentrat nur in kleinen Mengen verwendet. Unser Sirup kommt ganz ohne künstliche Aromastoffe und Farbstoffe aus. Ich zeige hier ein paar Klassiker. Sie können nach demselben Prinzip auch eigene Kreationen erfinden: Unterschiedliche Kräuter, solo oder als Mix, andere Aromen wie Ingwer oder Vanille ... erlaubt ist, was gefällt.

Wenn man sehr sauber arbeitet, hält sich der Sirup bis zur nächsten Ernte. Hinweise zum Sterilisieren der Flaschen für den Sirup finden Sie auf Seite 12 und auf Seite 33.

❖ Die folgenden Rezepte ergeben diese **Mengen:**
  etwa 1,5 l (Beerensirup, Holunderblütensirup), etwa 2 l (Lavendelsirup, Minzsirup),
  etwa 3 l (Zitronenmelissen-Sirup)
❖ **Aufbewahrung:** kühl und dunkel, dicht verschlossen, haltbar mindestens 1 Jahr

Beerensirup

1 kg Beeren (Himbeeren, Erdbeeren ...)
500 g Roh-Rohrzucker
250 ml Wasser
125 ml Zitronensaft

❉ Die Beeren küchenfertig vorbereiten und je nach Größe etwas zerkleinern. Alle Zutaten in einem Topf zum Kochen bringen und bei kleiner Hitze 30 – 45 Minuten offen köcheln lassen. Den Sirup durch ein feines Sieb abgießen, damit die Kerne zurückgehalten werden, und heiß in sterilisierte Flaschen abfüllen. Die Flaschen sofort verschließen.

LAVENDELSIRUP

Nehmen Sie für diesen Sirup die Blüten des Echten Lavendels (Lavandula angustifolia) und achten Sie darauf, dass sie unbehandelt sind.

1,5 l Wasser
1 kg Roh-Rohrzucker
3 Bio-Zitronen
3 Handvoll frische Lavendelblüten

* Wasser und Zucker zusammen aufkochen und bei kleiner Hitze so lange köcheln lassen, bis sich der Zucker vollständig aufgelöst hat. Abkühlen lassen. 2 Zitronen in Scheiben schneiden, von der restlichen Zitrone den Saft auspressen. Zitronenscheiben und Zitronensaft mit den Lavendelblüten in ein Gefäß schichten.
* Den abgekühlten Sirup darübergießen und zugedeckt 2 Tage ziehen lassen. Alles zusammen erneut aufkochen, durch ein Sieb gießen und heiß in sterilisierte Flaschen füllen. Die Flaschen sofort verschließen.

HOLUNDERBLÜTENSIRUP

20 Holunderblütendolden
4 Bio-Zitronen
1 l Wasser
1 kg Roh-Rohrzucker

* Holunderblüten nicht waschen, sondern nur die kleinen Tierchen abschütteln. 2 Zitronen in Scheiben schneiden. Abwechselnd mit den Blüten in ein großes Gefäß schichten. Den Saft der beiden restlichen Zitronen auspressen. Saft mit Wasser und Zucker köcheln lassen, bis sich der Zucker vollständig gelöst hat. Über die Blüten gießen.
* Das Gefäß mit einem Tuch bedecken und 2 Tage stehen lassen. Den Sirup durch ein feines Sieb abgießen, erneut aufkochen und heiß in sterilisierte Flaschen füllen. Die Flaschen sofort verschließen.

MINZSIRUP

1,5 l Wasser
1 kg Roh-Rohrzucker
1 Bund frische Minze
3 Bio-Zitronen

❋ Wasser und Zucker zusammen aufkochen und bei kleiner Hitze so lange köcheln lassen, bis sich der Zucker vollständig aufgelöst hat. Abkühlen lassen. Die Blätter der Minze abzupfen und grob zerkleinern. 2 Zitronen in Scheiben schneiden, von der restlichen Zitrone den Saft auspressen. Alles in ein Gefäß schichten.

❋ Den abgekühlten Sirup darübergießen und zugedeckt 2 Tage ziehen lassen. Alles zusammen erneut aufkochen, durch ein Sieb gießen und heiß in sterilisierte Flaschen füllen. Die Flaschen sofort verschließen.

ZITRONENMELISSEN-SIRUP

frische Zitronenmelisse,
    etwa 4 Handvoll schöne Blätter
1 Apfel
3 Bio-Zitronen
2 l Wasser
2 kg Roh-Rohrzucker

❋ Die Zitronenmelisse küchenfertig vorbereiten. Den Apfel entkernen und in kleine Würfel schneiden. 1 Zitrone in Scheiben schneiden, den Saft der beiden anderen Zitronen auspressen.

❋ Das Wasser zum Kochen bringen, den Zucker zugeben und unter Rühren vollständig auflösen. Zitronenmelisse, Apfel, Zitronenscheiben und Zitronensaft dazugeben und einmal aufkochen lassen. Vom Herd nehmen und zugedeckt 2 Tage stehen lassen.

❋ Den Sirup durch ein Sieb gießen, erneut kurz aufkochen und heiß in sterilisierte Flaschen füllen. Die Flaschen sofort verschließen.

GEWÜRZMIX

PUMPKIN SPICE

Das Originalrezept für diese Kürbis-Gewürzmischung stammt aus den USA und beinhaltet die ganze Herrlichkeit rund um Herbst, Halloween und Thanksgiving. Pumpkin Spice ist das ideale Gewürz für Kürbiskuchen, Kürbismuffins, Kürbismarmelade und überhaupt alles, was man aus Kürbis machen kann. Auch zu Äpfeln passt es gut. Von Apfelkuchen, Apfelgelee bis hin zu heißem Apfelsaft verleiht es vielem einen wunderbaren Geschmack.

Ein Kürbis und dazu ein selbst gefaltetes Briefchen mit Pumpkin Spice ergeben auch ein feines und originelles Mitbringsel.

❖ Das folgende Rezept ergibt diese **Menge:** etwa 100 ml / 50 g
❖ **Aufbewahrung:** trocken und dunkel, dicht verschlossen, haltbar mindestens 1 Jahr

4 EL Zimtpulver
4 TL Ingwerpulver
1 TL Kardamom, gemahlen
1 TL Gewürznelken, gemahlen
1 TL Muskatnuss, gerieben

✳ Alle Zutaten mischen. In einem dicht schließenden Glas verwahren.

Verwenden

● Eine lecke Verwendungsmöglichkeit ist **Pumpkin Spice Latte.** Für ein Glas dieser gewürzten Milch 250 ml Mandelmilch (Rezept siehe Seite 106) oder Milch mit 1 EL Kürbispüree (gegarter und pürierter Kürbis), 1 TL Vanille-Extrakt (Rezept siehe Seite 96) und ½ TL Pumpkin Spice erhitzen und aufschäumen. 100 ml starken heißen Kaffee in ein hohes Glas geben und die geschäumte Milch dazugeben. Zusätzlich mit etwas Pumpkin Spice bestreuen.

MASALA

Die Küche Indiens mit ihren aromatischen, häufig vegetarischen Gerichten hat auch bei uns viele Freunde gefunden. Eine Vielfalt an Gewürzen mischt sich zu einem Fest für die Sinne. Lassen Sie sich inspirieren!

❖ Die folgenden Rezepte ergeben diese **Mengen:**
    etwa 100 ml / 30 g (Garam Masala), etwa 75 ml / 10 g (Panch Phoron),
    etwa 150 ml / 50 g (Indische Würzmischung)
❖ **Aufbewahrung:** trocken und dunkel, dicht verschlossen, haltbar mindestens 1 Jahr

GARAM MASALA

Die Bezeichnung »Masala« ist indisch und bedeutet »Gewürzzubereitung«. Auf diesem großen Subkontinent existieren viele regionale Rezepturen für Garam Masala, die sich zum Teil stark unterscheiden, von süßlich mild bis superscharf. Wenn Sie einmal auf den Geschmack gekommen sind, können Sie auch gleich die doppelte oder dreifache Menge der Gewürzmischung herstellen.

2 EL Kreuzkümmel, gemahlen
2 EL Koriander, gemahlen
1 EL Kardamom, gemahlen
1 EL Zimtpulver
1 TL schwarzer Pfeffer, gemahlen
1 TL Gewürznelken, gemahlen
1 TL Muskatnuss, gerieben
1 TL Ingwerpulver

✳ Die Gewürze mischen.
✳ In einem dicht schließenden Glas aufbewahren.

PANCH PHORON

Panch Phoron ist eine sehr vielseitig einsetzbare Gewürzmischung, ursprünglich aus Bengalen und Assam, die in viele Gerichte kurz vor dem Servieren eingerührt wird. Vor allem in Linsengerichten und Gemüsecurrys darf sie nicht fehlen.

1 EL Kreuzkümmel
1 EL schwarze Senfkörner
1 EL Fenchelsaat
1 EL Bockshornklee
1 EL Schwarzkümmel

* Die Samen werden nicht gemahlen, sondern als ganze Körner gemischt. Zum Gebrauch wird das Panch Phoron in etwas Pflanzenöl oder Ghee (Rezept siehe Seite 169) erhitzt, bis die Samen poppen. So entfaltet sich das süßsaure, anisartige Aroma.

INDISCHE WÜRZMISCHUNG

Rühren Sie diese Würzmischung auch in warme Joghurtsaucen ...

2 EL Currypulver
2 EL Kurkumapulver
2 EL Kreuzkümmel, gemahlen
2 EL Koriander, gemahlen
1 EL Meersalz
1 TL Pul Biber (siehe Seite 36)

* Die Gewürze mischen.
* In einem dicht schließenden Glas aufbewahren.

Püree aus roten Linsen

Dieses Püree aus roten Linsen passt hervorragend zu Naan (Rezept siehe Seite 147).

150 g rote Linsen unter fließendem Wasser abspülen und mit der anderthalbfachen Menge Wasser weich kochen. Abkühlen lassen. Gegarte Linsen mit 2–3 EL indischer Würzmischung (Rezept siehe Seite 45), 3 EL Olivenöl und 1 EL Zitronensaft im Mixer zu einem Püree verarbeiten. Mit Meersalz abschmecken. Sollte das Püree zu dick werden, noch etwas Öl unterrühren.

BLUMENKOHL TIKKA MASALA

1 Blumenkohl
1 Zwiebel
1 Zehe Knoblauch
1 Stückchen frischer Ingwer
etwas Ghee (Rezept siehe Seite 169) oder Pflanzenöl zum Anbraten
2 EL Tomatenmark
300 ml Kokosmilch
2 EL Garam Masala (Rezept siehe Seite 44)
Meersalz
½ Bund frischer Koriander

* Den Blumenkohl in mittelgroße Röschen teilen. Zwiebel, Knoblauch und Ingwer schälen, die Zwiebel in feine Stückchen, den Knoblauch in ganz feine Scheiben schneiden. Den Ingwer fein würfeln.
* Ghee in einer Pfanne erhitzen. Zwiebel und Ingwer darin bei mittlerer Hitze sautieren, bis sie gerade anfangen zu bräunen. Kurz vor Schluss den Knoblauch hinzufügen, damit er nicht verbrennt. Mit Tomatenmark und Kokosmilch ablöschen, Garam Masala zufügen. Blumenkohl dazugeben und 10–15 Minuten garen. Dabei häufig umrühren.
* Mit Salz abschmecken. Die Blätter und feinen Stiele des Korianders grob hacken und über das Blumenkohl Tikka Masala streuen.

African Spices

Berbere und Ras el-Hanout sind zwei klassische afrikanischen Würzmischungen. Lecker!

❖ Die folgenden Rezepte ergeben diese **Mengen:** etwa 100 ml / 50 g pro Würzmischung
❖ **Aufbewahrung:** trocken und dunkel, dicht verschlossen, haltbar mindestens 1 Jahr

Berbere

Diese scharfe und intensive Gewürzmischung stammt aus Äthiopien und Eritrea. Der Name ist amharisch und bedeutet frei übersetzt »scharf«. Berbere schmeckt hervorragend in Suppen, Saucen, Gemüse- und Linseneintöpfen.

3 EL Paprikapulver edelsüß
3 TL Pul Biber (siehe Seite 36)
2 TL Kreuzkümmel, gemahlen
2 TL Zwiebelpulver (Rezept siehe Seite 142)
1 TL Knoblauchpulver (Rezept siehe Seite 142)
1 TL Bockshornklee, gemahlen
1 TL Kardamom, gemahlen
1 TL Koriander, gemahlen
1 TL Gewürznelken, gemahlen
1 TL schwarzer Pfeffer, gemahlen
1 TL Kurkumapulver
1 TL Cayennepfeffer
½ TL Ingwerpulver
1 MSP Muskatnuss, gerieben

✳ Alle Zutaten gut mischen.
✳ In einem dicht schließenden Glas aufbewahren.

Foto rechts: Kichererbseneintopf mit Ras el-Hanout (Rezept Seite 51)

Gemahlen oder ungemahlen mischen?

Wer möchte, kann die beiden afrikanischen Würzmischungen Berbere und Ras el-Hanout auch ungemahlen mischen und erst bei der Verwendung in einer Mühle fein mahlen. Das hat sich aber in der Praxis als relativ mühsam herausgestellt, deshalb gebe ich die gemahlenen Versionen an.

INJERA

In Äthiopien und Eritrea werden die scharfwürzigen Pürees, Eintöpfe und Saucen traditionell mit Injera gegessen. Injera ist ein weiches, gesäuertes Fladenbrot. Auf ihm als Unterlage werden die Gerichte oft serviert, dann wird ein Stück des dünnen Fladens abgerissen, die Speise damit aufgenommen und gegessen. Da Injera so wichtig für diese regionale Küche ist, hier ein vereinfachtes Rezept davon.

750 ml Wasser
1 Würfel Hefe
500 g Teffmehl (siehe Tipp)

✳ Alle Zutaten miteinander verrühren und mehrere Stunden zugedeckt an einem warmen Ort gehen lassen. In einer großen Pfanne ohne Fett oder – noch besser – mit einem Crêpe-Gerät aus dem Teig dünne Fladen backen. Noch warm servieren!

Tipp

Teffmehl wird aus den ungeschälten Körnchen der Zwerghirse gemahlen. Es enthält viele Ballaststoffe, reichlich Mineralstoffe und relativ große Mengen an Eiweiß. Teffmehl ist außerdem glutenfrei und enthält nur wenig Fruchtzucker. Neben dem traditionellen Fladenbrot Injera kann Teffmehl auch wunderbar zum Kochen und Backen verwendet werden.

RAS EL-HANOUT

Ras el-Hanout ist ein typisches Gewürz der nordafrikanischen Küche. Würzen Sie Couscous-gerichte oder Kichererbsengerichte mit 1–2 TL Ras el-Hanout. Wer es gerne sehr scharf mag, kann zusätzlich noch 1–2 TL Harissa (scharfe Würzpaste) in das Gericht geben.

Der Name »Ras el-Hanout« heißt übersetzt »Chef des Ladens« und drückt aus, dass diese Gewürzmischung früher nur vom Besitzer des Gewürzladens hergestellt wurde. Die Zusammensetzung ist regional unterschiedlich, unter anderem kann sie auch Rosenknospen oder Galgant enthalten. Hier finden Sie eine etwas »entschärfte« Version.

2 TL Muskatnuss, gerieben
2 TL Koriander, gemahlen
2 TL Kreuzkümmel, gemahlen
2 TL Kurkumapulver
2 TL Ingwerpulver
2 TL Zimtpulver
2 TL Paprikapulver edelsüß
1 TL schwarzer Pfeffer, gemahlen
1 TL Kardamom, gemahlen
1 TL Piment, gemahlen
1 TL Cayennepfeffer
½ TL Gewürznelken, gemahlen
2 TL Meersalz
1 TL Roh-Rohrzucker

* Alle Zutaten gut mischen.
* In einem dicht schließenden Glas aufbewahren.

51

Taco Seasoning

Taco Seasoning ist eine Gewürzmischung aus der Texmex-Küche. Verwenden Sie es für Chilis aller Art, Enchilada, Taco, Fajita und noch vieles mehr. Wer es gerne richtig scharf mag, kann den Anteil an Chiliflocken erhöhen.

❖ Das folgende Rezept ergibt diese **Menge:** etwa 150 ml / 100 g
❖ **Aufbewahrung:** trocken und dunkel, dicht verschlossen, haltbar mindestens 1 Jahr

4 EL Chilipulver
4 TL Kreuzkümmel, gemahlen
4 TL schwarzer Pfeffer, gemahlen
2 TL Paprikapulver
1 TL Knoblauchpulver (Rezept siehe Seite 142)
1 TL Zwiebelpulver (Rezept siehe Seite 142)
1 TL Pul Biber (siehe Seite 36)
1 TL getrockneter Oregano
4 TL Meersalz

✳ Alle Zutaten mischen. In einem dicht schließenden Glas aufbewahren.

Arizona Rub

2 TL Arizona Rub auf 250 g Joghurt oder saure Sahne ergibt einen leckeren Dip! Arizona Rub ist eine Würzmischung aus der Grillküche. Sie eignet sich auch hervorragend für Gemüse und Kartoffeln. Mischen Sie für 170 ml / 100 g Arizona Rub je 2 EL Knoblauchpulver (Rezept siehe Seite 142), Chilipulver und Paprikapulver edelsüß, je 1 EL Kreuzkümmelpulver, Korianderpulver und gemahlenen schwarzen Pfeffer mit 1 TL Cayennepfeffer und 2 EL Meersalz. In einem dicht schließenden Glas ist der Mix mindestens 1 Jahr haltbar.

OFENGEMÜSE MEDITERRAN

So schnell bereiten Sie ein leckeres Blech Ofengemüse zu: Gemüse putzen, waschen und mundgerecht zerkleinern. Ein Backblech mit Backpapier belegen oder mit Backtrennmittel einpinseln (Rezept siehe Seite 68), das Gemüse darauf verteilen und mit Olivenöl beträufeln. Mit der griechischen Würzmischung bestreuen, pro Blech brauchen Sie 2 EL davon. Im vorgeheizten Backofen bei 200 °C (Umluft) etwa 30 Minuten garen.

❖ Das folgende Rezept ergibt diese **Menge:** etwa 125 ml / 75 g
❖ **Aufbewahrung:** trocken und dunkel, dicht verschlossen, haltbar mindestens 1 Jahr

GRIECHISCHE WÜRZMISCHUNG

3 EL getrockneter Oregano

2 EL getrockneter Thymian

2 EL getrockneter Rosmarin

1 EL getrocknetes Basilikum

2 EL Zwiebelpulver (Rezept siehe Seite 142)

2 EL Knoblauchpulver (Rezept siehe Seite 142)

1 EL abgeriebene Zitronenschale (siehe auch Seite 101)

1 EL Meersalz

1 TL schwarzer Pfeffer, gemahlen

1 EL Speisestärke

✳ Die Kräuter klein rebeln oder schneiden und alle Zutaten miteinander mischen. In einem gut schließenden Glas aufbewahren.

Griechischer Kartoffelsalat

Für einen leckeren griechischen Kartoffelsalat 800 g festkochende Kartoffeln je nach Größe 20 – 30 Minuten gar dämpfen. Danach abgießen und auskühlen lassen. Kartoffeln pellen und in nicht zu dünne Scheiben schneiden. 10 Kirschtomaten halbieren, 1 rote Zwiebel schälen und in Ringe schneiden. 200 g Feta mit einer Gabel zerkrümeln.

Aus 75 ml Olivenöl, 75 ml Zitronensaft und 2 TL griechischer Würzmischung eine Salatsauce anrühren. Kartoffeln, Tomaten, Zwiebelringe und 100 g schwarze Oliven in eine Schüssel geben und mit der Salatsauce mischen. Mit Salz und Pfeffer würzen.

Mit dem Feta bestreuen und servieren.

Arrabbiata-Gewürz

Penne all'arrabbiata ist ein italienischer Klassiker, genauer gesagt stammt dieses Nudelgericht aus Rom (Rezept siehe Seite 59). »Arrabbiata« bedeutet »wütend« oder »zornig« und bezieht sich auf die Schärfe der Sauce. Diese haben Sie selbst in der Hand ...

❖ Das folgende Rezept ergibt diese **Menge:** 120 ml / 40 g
❖ **Aufbewahrung:** trocken und dunkel, dicht verschlossen, haltbar mindestens 1 Jahr

5 EL Chili (siehe Zubereitungsbeschreibung)
1 EL Knoblauchpulver (Rezept siehe Seite 142)
1 EL getrocknete Petersilie
1 EL getrocknetes Basilikum

✳ Für die Chiliwürze können Sie getrocknete Chilischoten mahlen oder sehr klein schneiden. Oder Sie verwenden Pul Biber (siehe Seite 36). Die Dosierung der Chiliwürze orientieren Sie daran, ob Sie die Sauce lieber nur mit einem Hauch Schärfe oder lieber molto piccante mögen.
✳ Die Zutaten mischen und in einem dicht schließenden Glas lagern.

Tomatensauce einkochen

Die Sauce der Penne all'arrabbiata (siehe Seite 59) lässt sich prima einkochen und hält sich so mindestens 6 Monate. Zum Einkochen die Einkochgläser gründlich spülen. Dann die Gläser in den Backofen stellen, der auf 100 °C (Umluft) geheizt wird. Dort bleiben sie 10 Minuten. Die Einkochgummis (Einkochringe) in kochendes Wasser legen. In der Zwischenzeit die Sauce noch mal aufkochen. Die heiße Sauce in die Gläser einfüllen, bis 2–3 cm unterhalb des Randes. Gummis auflegen und Gläser schließen. Im Backofen 20 Minuten bei 100 °C einkochen, dann den Ofen ausschalten und die Gläser darin auskühlen lassen. Auch einfache Tomatensauce kann so haltbar gemacht werden.

PENNE ALL'ARRABBIATA

1 Zwiebel
etwas Olivenöl zum Andünsten
1 Zehe Knoblauch
1 – 2 TL Arrabbiata-Gewürz (Rezept siehe Seite 57)
140 g Tomatenmark
etwa 400 g stückige Tomaten aus Glas oder Dose
Meersalz

gegarte Penne
Parmesan, frisch gerieben
Petersilie, frisch gehackt, oder Basilikum

✳ Zwiebel schälen, hacken und in etwas Öl glasig dünsten. Knoblauch schälen, in feine Scheiben schneiden und mit Arrabbiata-Gewürz und Tomatenmark kurz mitdünsten. Die stückigen Tomaten dazugeben, kurz weitergaren und mit Salz abschmecken (natürlich kann man auch frische Tomaten verwenden, wenn es gerade eine Tomatenschwemme gibt ...).

✳ Dazu gibt es natürlich Penne mit geriebenem Parmesan und frisch gehackter Petersilie oder Basilikum.

Parmesan vegan

Für eine vegane Alternative zum Parmesan 100 g gemahlene Mandeln, 25 g Semmelbrösel, 25 g Hefeflocken, ½ TL Knoblauchpulver (Rezept siehe Seite 142) und ½ TL Meersalz gut mischen und in einem dicht schließenden Glas aufbewahren. Diese Mischung ergibt etwa 150 g und ist im Kühlschrank, verschlossen gelagert, mindestens 1 Monat haltbar.

BRATNUDEL-MIX

Gebratene Nudeln gehören zu meinen Leibgerichten. Sie sind schnell gemacht und superlecker, wenn ich zum fertigen Würzmix aus meinem Vorrat greifen kann. In maximal 15 Minuten ist eine gesunde Mahlzeit fertig – ganz ohne Geschmacksverstärker und Zusatzstoffe. Deshalb sorge ich immer dafür, dass mir der Mix nicht ausgeht.

❖ Das folgende Rezept ergibt diese **Menge:** etwa 400 ml / 150 g
❖ **Aufbewahrung:** trocken und dunkel, dicht verschlossen, haltbar mindestens 6 Monate

8 EL Röstzwiebeln (Rezept siehe Seite 141)
4 EL Gemüsebrühe-Pulver (Rezept siehe Seite 67)
3 EL Koriander, gemahlen
3 EL Kurkumapulver
3 EL Ingwerpulver
2 EL Paprikapulver edelsüß
1 – 3 EL Cayennepfeffer (je nach gewünschter Schärfe)
4 TL Knoblauchpulver (Rezept siehe Seite 142)
3 TL Zwiebelpulver (Rezept siehe Seite 142)

✳ Die Röstzwiebeln im Mixer möglichst fein pulverisieren. Alle Zutaten gut miteinander mischen. In einem gut schließenden Glas aufbewahren.

Verwenden

● Für **gebratene Nudeln** 250 g Nudeln, zum Beispiel Spaghetti (zweimal längs durchbrechen), al dente kochen. 2 Karotten in Stifte und 1 Stange Lauch in Ringe schneiden. Das Gemüse in Pflanzenöl oder Ghee (Rezept siehe Seite 169) anbraten. 3 gehäufte EL Bratnudel-Mix darüberstreuen. Mit 2 EL Sojasauce und 3 EL Wasser ablöschen. Die abgetropften Nudeln dazugeben, gut verrühren und kurz mitbraten.

TROCKENES TOMATENPESTO

Trockenes Tomatenpesto ist aus meiner Küche nicht mehr wegzudenken. Man kann es direkt auf die Spaghetti streuen oder auch kurz in Olivenöl schmoren. Mit Feta, Frischkäse, Crème fraîche oder saure Sahne verrührt, hat man einen schnellen Dip hergestellt. Auch auf Butterbrot wurde es schon gegessen …

❖ Das folgende Rezept ergibt diese **Menge:** etwa 600 ml / 350 g
❖ **Aufbewahrung:** trocken und dunkel, dicht verschlossen, haltbar mindestens 3 Monate

100 g getrocknete Tomaten
200 g Mandeln, gemahlen
2 EL Knoblauchpulver (Rezept siehe Seite 142)
1 EL Zwiebelpulver (Rezept siehe Seite 142)
1 EL schwarzer Pfeffer, gemahlen
1 ½ EL Meersalz
5 TL getrockneter Oregano
5 TL getrocknetes Basilikum
2 TL getrockneter Thymian

✳ Die getrockneten Tomaten (Achtung, nicht in Öl eingelegte, sondern luftgetrocknete!) mit etwa der Hälfte der gemahlenen Mandeln im Mixer zerkleinern, bis alle Tomaten ganz klein gestückelt sind. Dann die anderen Zutaten, inklusive der restlichen gemahlenen Mandeln, unterrühren. In einem dicht schließenden Glas aufbewahren, braucht nicht gekühlt zu werden.

GEMÜSEBRÜHE

Gemüsebrühe-Pulver war der Ausgangspunkt meiner Küchen-Alchemie. Denn gerade in fertiger Gemüsebrühe finden sich sehr häufig Geschmacksverstärker, manchmal auch als Hefeextrakt getarnt. Deshalb begann ich damit, die Brühe selbst zu machen. Und siehe da, es ist ziemlich einfach und schmeckt uns wirklich gut.

Ein gutes Argument fürs Selbermachen ist auch, dass sich die Gemüsebrühe-Varianten im Handel in der Regel hinsichtlich der Gemüsezusammenstellung sehr ähneln, zum Beispiel meist Zwiebeln, Knoblauch oder andere Zwiebelgewächse wie Lauch enthalten. Wer diese oder andere typischerweise dafür genutzte Gemüsearten nicht mag, hat beim Gekauften echt ein Problem.

Mittlerweile arbeite ich mit zwei Varianten: eingesalzenem Suppengemüse und getrocknetem Gemüsebrühe-Pulver. Das eingesalzene Suppengemüse verwende ich vor allem dort, wo ich es mit anbraten kann. Das gibt noch mal einen extra Geschmacks-Kick. Durch den hohen Salzgehalt ist es monatelang haltbar. Legen Sie sich einen Vorrat beider Varianten an, wenn Kräuter und Gemüse Saison haben!

❖ Die folgenden Rezepte ergeben diese **Mengen:**
   etwa 1,2 l / 1,15 kg (eingesalzenes Suppengemüse),
   etwa 600 ml / 300 g (Gemüsebrühe-Pulver)
❖ **Aufbewahrung:** trocken und dunkel, dicht verschlossen, haltbar mindestens 6 Monate
   angebrochene Gläser eingesalzenes Suppengemüse im Kühlschrank lagern

65

EINGESALZENES SUPPENGEMÜSE

1 kg geputzte Gemüse und Kräuter nach Jahreszeit und Geschmack
(Lauch, Sellerie, Petersilienwurzeln, Karotten, Knoblauch,
Petersilie, Schnittlauch, Basilikum, Oregano, Liebstöckel ...)
150 g Meersalz (Salzmenge bezogen auf Menge geputztes Gemüse)

✻ Gemüse und Kräuter etwas zerkleinern. In der Küchenmaschine oder im Mixer in sehr kleine Stückchen zerteilen, aber keinen Brei daraus machen. Mit dem Salz gut vermischen und in sehr saubere Gläser füllen.

·· **Tipp**

Das Rezept kann leicht auf andere Mengen umgerechnet werden: Pro Kilo geputzte Kräuter und Gemüse braucht man 150 g Salz. Das Salz dient dabei nicht nur dem Geschmack, sondern auch als Konservierungsmittel. Eingesalzenes Suppengemüse verwende ich vor allem dort, wo ich das Gemüse noch kurz anbraten kann, zum Beispiel bei einem Tomatensugo. Ich verwende 1 – 2 TL auf etwa 250 ml.

Getrocknete Zwiebelstückchen

Für getrocknete Zwiebelstückchen die Zwiebeln wie gewohnt schälen und würfeln. Dann im Dörrautomaten trocknen (oder im Backofen bei 50 °C, Umluft, leicht geöffnete Tür, etwa 5 Stunden). Darauf achten, dass die Zwiebelstückchen dabei nicht übereinanderliegen. Im dicht verschlossenen Glas trocken und dunkel gelagert, sind die getrockneten Zwiebelstückchen mindestens 6 Monate haltbar.

GEMÜSEBRÜHE-PULVER

Hier kommen wir mit nur 10 Prozent Salz aus, weil das Brühpulver so gut wie kein Wasser mehr enthält. Trotzdem ist es monatelang haltbar. Das Gemüsebrühe-Pulver ist sehr vielseitig verwendbar. Außer natürlich für einen Brühansatz (1 gehäufter TL Pulver pro 250 ml Wasser) kann es auch als Würzmittel verwendet werden.

1 kg geputzte Gemüse und Kräuter nach Jahreszeit und Geschmack
  (Lauch, Sellerie, Petersilienwurzeln, Karotten, Knoblauch,
  Petersilie, Schnittlauch, Basilikum, Oregano, Liebstöckel ...)
100 g Meersalz (Salzmenge bezogen auf Menge geputztes Gemüse)
2 – 3 EL Tomatenmark
1 EL getrocknete Pilze

✳ Gemüse und Kräuter etwas zerkleinern. In der Küchenmaschine oder im Mixer zusammen mit dem Salz und dem Tomatenmark zermusen. Es ist erwünscht, das Gemüse möglichst schon jetzt gut zu zerkleinern. Den Brei auf Backpapier streichen und im Dörrautomaten trocknen lassen (oder im Backofen bei 50 °C, Umluft, leicht geöffnete Tür), bis die Feuchtigkeit komplett entwichen ist. Im Mixer zusammen mit den getrockneten Pilzen zu einem feinen Pulver zerkleinern. In saubere und dicht schließende Gläser füllen.

Tipp

Nehmen Sie für ein Gemüsebrühe-Pulver asiatischer Geschmacksrichtung Ingwer, Kurkuma und Zitronengras dazu.

ZWIEBELSUPPEN-MIX

Dieser Mix ergibt nicht nur eine schnelle Suppe, sondern kann auch gut in anderen Gerichten als deftige Würze eingesetzt werden. Deshalb lohnt es sich, ein Glas im Vorrat zu haben. Rühren Sie als Dip doch mal 2 EL Zwiebelsuppen-Mix in 250 g Schmand und lassen die Mischung kurz durchziehen. Einfacher geht es nicht!

❖ Das folgende Rezept ergibt diese **Menge:**
   etwa 250 ml (je nach Größe der Zwiebelstückchen) / 150 g
❖ **Aufbewahrung:** trocken und dunkel, dicht verschlossen, haltbar mindestens 6 Monate

100 g getrocknete Zwiebelstückchen (Rezept siehe Seite 66)
2 EL Gemüsebrühe-Pulver (Rezept siehe Seite 67)
3 TL getrocknete Petersilie
2 TL Zwiebelpulver (Rezept siehe Seite 142)
2 TL Kurkumapulver
½ TL schwarzer Pfeffer, gemahlen

✱ Alle Zutaten mischen und in einem dicht schließenden Glas aufbewahren. Vor jeder Entnahme das Glas gut schütteln, damit sich alles wieder gut mischt.

Verwenden
● Für 500 ml **Zwiebelsuppe** 3 EL der Mischung mit 500 ml Wasser zum Kochen bringen und 2 – 3 Minuten köcheln lassen.
● Bei Rezepten, die fertige getrocknete Zwiebelsuppe (aus dem Handel) als **Würzzutat** nennen, entsprechen 3 EL des Pulvers einem Päckchen herkömmlicher Zwiebelsuppe.

SAUCENPULVER

Das Saucenpulver dient zum Würzen und Andicken von dunklen Saucen. Nur mit Wasser aufgekocht, bekommt man eine sämige, mittelbraune Sauce. Sind bereits Röststoffe am Topfboden vorhanden, wird die Sauce auch dunkler.

❖ Das folgende Rezept ergibt diese **Menge:** etwa 200 ml / 140 g
❖ **Aufbewahrung:** trocken und dunkel, dicht verschlossen, haltbar mindestens 1 Jahr

30 g getrocknetes Brot
10 – 20 g getrocknete Pilze
30 g Röstzwiebeln (Rezept siehe Seite 141)
30 g Gemüsebrühe-Pulver (Rezept siehe Seite 67)
30 g Speisestärke

✳ Das Brot und die Pilze etwas zerkleinern. Dann mit den anderen Zutaten in der Küchenmaschine oder mit einem Pürierstab zerkleinern, bis ein gleichmäßig feines Pulver entstanden ist. In einem dicht schließenden Glas aufbewahren.

Verwenden

● Für 250 ml Sauce 250 ml Wasser zum Kochen bringen. 3 EL Saucenpulver mit etwas kaltem Wasser anrühren, zu dem kochenden Wasser geben und unter Rühren kurz aufkochen lassen.

.... **Tipp**

Für das Saucenpulver können Sie essbare, getrocknete Pilze aller Art verwenden. Vor allem Champignons und Steinpilze bieten sich an, es können aber auch andere Arten verwendet werden. Bei nur 10 g getrockneten Pilzen ordnet sich das Pilzaroma fein unter, bei 20 g schmeckt es deutlicher heraus.

Salatsoßen-
Pulver

SALATSAUCEN-PULVER

Wenn es schnell gehen soll, lässt sich mit dem Salatsaucen-Pulver ganz flott eine leckere Salatsauce zubereiten. Lieber ein schnell zubereiteter Salat, als gar keiner ... Bereiten Sie mehrere Sorten dieses Pulvers zu, beispielsweise eins mit Dill für Gurkensalat, eins mit gemischten Kräutern für grüne Blätter ...

❖ Die folgenden Rezepte ergeben diese **Mengen:**
   etwa 100 ml / 75 g (Salatsaucen-Pulver), etwa 175 ml / 120 g (Salatkräuter-Mischung)
❖ **Aufbewahrung:** trocken und dunkel, dicht verschlossen, haltbar mindestens 6 Monate

15 g getrocknete Kräuter (siehe Seite 74)
50 g Meersalz
10 g gelbes Senfpulver
1 TL schwarzer Pfeffer, gemahlen
nach Wunsch 1 TL Knoblauchpulver (Rezept siehe Seite 142)

❊ Die getrockneten Kräuter im Mixer zu einem feinen Pulver zerkleinern. Alle Zutaten in ein dicht schließendes Schraubglas geben, Deckel schließen und schütteln, bis alles gut durchmischt ist. Vor Gebrauch immer gut schütteln.

Verwenden

● Für eine Salatsauce 4 EL Pflanzenöl (Sorte nach Geschmack), 3 EL Wasser und 1 EL Weinessig (je nach Säure etwas mehr oder weniger) mit 1 EL Salatsaucen-Pulver anrühren.

73

SALATKRÄUTER-MISCHUNG

Natürlich kann man auch nur die Kräuter für den Salat konservieren.
Die Salatkräuter-Mischung dann einfach in die Salatsauce einrühren.

100 g getrocknete Kräuter
15 g Meersalz
1 TL geschmacksneutrales Pflanzenöl (zum Beispiel Rapsöl)

❋ Alle Zutaten im Mixer oder mit einem Pürierstab vermengen, bis eine homogene Mischung entstanden ist. In einem dicht schließenden Glas aufbewahren.

Kräuter trocknen

Natürlich sind frische Kräuter meist den getrockneten Kräutern vorzuziehen. Ist die Kräuterernte aber allzu üppig ausgefallen, ist das Trocknen zur Haltbarmachung sehr gut geeignet, genauso zum Anlegen eines schönen Vorrats für den Winter. Frische Kräuter werden je nach Sorte von den Stielen gezupft oder mitsamt der Stiele verwendet und im Dörrautomaten oder im Backofen getrocknet (siehe ab Seite 13).

Welche Kräuter Sie nehmen, entscheiden Sie nach eigenem Geschmack und Verfügbarkeit der Kräuter. Dabei ist es sowohl möglich, eine Mischung aus vielen Kräutern zu machen, als auch nur ein einziges Kraut zu verwenden. Erlaubt ist, was gefällt. Wenn die Kräuter so gut getrocknet sind, dass man sie leicht mit der Hand zerkrümeln kann, können sie weiterverarbeitet werden.

Tees für den Hausgebrauch

Vieles, was wir in Küche und Garten vorfinden, eignet sich für Tee. Ich spreche hier nicht von heilenden Tees, das würde zu weit führen, sondern von Tees, die man gerne einfach mal trinkt. Wobei auch diese durchaus eine wohltuende, gesundheitsfördernde Wirkung haben. Bei sehr kleinen Kindern und Schwangeren bitte vorher abklären, ob der jeweilige Tee getrunken werden darf.

❖ Die folgenden Rezepte ergeben diese **Mengen:** unterschiedlich je nach Ausgangsmaterial
❖ **Aufbewahrung:** trocken und dunkel, dicht verschlossen,
   haltbar mindestens 3 Monate (Apfelschalen-Tee),
   mindestens 1 Jahr (Chai-Tee, Kräutertee, fermentierter Brombeerblättertee)

Apfelschalen-Tee

Apfelschalen, die immer mal im Haushalt anfallen, nicht wegwerfen, sondern trocknen lassen. Das geht am schnellsten im Dörrautomaten, kann aber auch einfach auf einem Rost an einem luftigen Ort geschehen (siehe ab Seite 13).

❖ Die vollständig getrockneten Apfelschalen zerkleinern, damit sie sich leichter dosieren lassen. In einem dicht schließenden Glas aufbewahren. Wer mag, kann noch 1–2 Stangen Zimt mit ins Glas geben, so bekommt der Tee einen ganz leicht zimtigen Unterton.

Verwenden
● Pro Tasse Apfel-Tee 1 EL getrocknete Apfelschalen mit heißem Wasser übergießen und zugedeckt 10 Minuten stehen lassen. Pro Kanne 1 Handvoll Apfelschalen nehmen.

Tipp

Alle Tees können in schönen Gläsern und Dosen verschenkt werden. Oder basteln Sie dafür witzige Spitztüten (siehe Seite 16).

Chai-Tee

16 Kardamomkapseln
2–3 Stangen Zimt
2–3 Stück Sternanis
1 EL Gewürznelken
1 EL Piment
1 TL Pfefferkörner
1 TL Anis
1 MSP Muskatnuss, gerieben
50 g schwarzer Tee

❋ Die Gewürze in einer trockenen Pfanne unter Rühren erhitzen, bis sie anfangen zu duften. Im Mörser zerkleinern, aber nicht pulverisieren. Auskühlen lassen und mit dem schwarzen Tee mischen. Die Chai-Tee-Mischung in einem dicht schließenden Glas aufbewahren.

Verwenden

- Für eine Tasse Chai-Tee 1 EL der Mischung in 200 ml Wasser 4 Minuten köcheln lassen. 150 ml (Nuss-)Milch zugeben und nochmals zum Kochen bringen. Durch ein Sieb abgießen und nach Wunsch süßen.

KRÄUTERTEE

Stellen Sie sich Ihre eigenen Kräutertee-Mischungen danach zusammen, was Garten, Küche und Natur hergeben und was Ihnen schmeckt. Wenn Sie eine Zutat nicht zur Hand haben oder nicht mögen, lassen Sie sie einfach weg.

- Alle Zutaten können sowohl frisch als auch getrocknet verwendet werden. Wird der Tee auf Vorrat gesammelt, die Zutaten schonend trocknen (siehe ab Seite 13 und Seite 74), wenn nötig zerkleinern und mischen. In einem gut schließenden Glas aufbewahren. Oder in Teebeutel zum Selbstbefüllen portionieren (siehe Seite 78) und griffbereit verwahren.
- Bitte achten Sie unbedingt darauf, dass alle Teezutaten ungespritzt sind! Zum Trocknen bestimmte Kräuter sammelt man am besten an einem trockenen Tag nach Abtrocknen des Taus. Sammeln Sie bevorzugt junge Blätter und Triebspitzen.

Gängige Zutaten für Teemischungen

- Kräuter: Pfefferminze, Zitronenmelisse, Zitronenverbene, Salbei, Zitronengras
- Blätter: Brombeerblätter, Himbeerblätter, Heidelbeerblätter, Erdbeerblätter, Brennnesselblätter
- Blüten: Hibiskus, Kamille, Lavendel, Ringelblume, Kornblume, Rose
- Samen, Früchte, Wurzeln: Fenchelsamen, Hagebutten, Zitronenschalen, Orangenschalen, Ingwer

---

FERMENTIERTER BROMBEERBLÄTTERTEE

Aus Brombeerblättern kann man einen Tee herstellen, der ähnlich schmeckt wie schwarzer Tee. Er ist frei von Koffein und Spritzmittel, wenn man den richtigen Sammelort wählt.

❋ Beim Fermentieren ist es wichtig, eine ausreichend große Menge Blätter zu verwenden, um genügend Hitze bei der Fermentation zu erzeugen. Deshalb 3 – 4 Handvoll der zarten Triebspitzen und der oberen zwei bis drei Blattpaare verwenden. Zuerst einen halben Tag im Schatten ausbreiten, damit sie anzuwelken, aber nicht trocknen. Dann mit einem Nudelholz die welken Blätter »aufbrechen« und mit einem Pumpzerstäuber ganz leicht mit Wasser einsprühen.

❋ Die befeuchteten Blätter auf einem sehr sauberen Tuch ausbreiten, das Tuch an allen Seiten einschlagen, einrollen, in einen Plastikbeutel geben und diesen gut verschließen. Den Beutel 3 Tage an einem warmen Platz liegen lassen. Währenddessen färben sich die Blätter dunkel und gären leicht (sie fermentieren).

❋ Durch die Fermentation entstehen im Beutel höhere Temperaturen. Ist die Fermentation beendet, sind die Temperaturen wieder zurückgegangen und die Blätter sind schwarz. Achten Sie darauf, dass sich kein Schimmel gebildet hat! Die fermentierten Blätter schonend trocknen und in dicht schließende Gläser füllen. Nun dauert es noch einige Tage, bis sich das Tee-Aroma vollständig entwickelt hat.

Teebeutel selbst befüllen

Probieren Sie Teebeutel zum Selbstbefüllen aus. Diese speziellen heißsiegelfähigen Teebeutel sind chlorfrei gebleicht und kompostierfähig. Sie bestehen aus Fasern einer bestimmten Bananenart (Abacá) und einer Beimischung von thermoplastischen Fasern. Die Beutel werden von Hand befüllt, dann wird die offene Kante mit dem Bügeleisen versiegelt. Die Teebeutel enthalten keinerlei Klebstoffanteile. Die Bindewirkung beim Versiegeln der Beutel unter Hitzeeinfluss entsteht ausschließlich durch die Eigenschaften der verwendeten Fasern.

Fotos rechts: oben: Apfelschalen-Tee (Rezept Seite 75)
unten: Kräutertee (Rezept Seite 77)

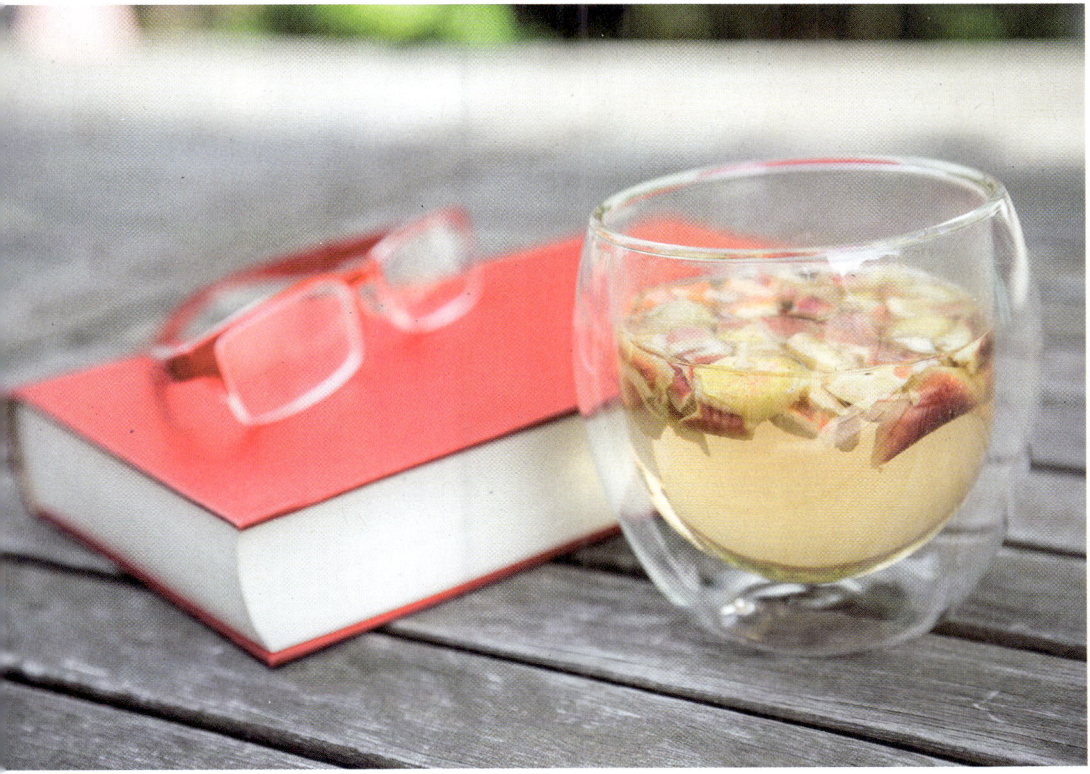

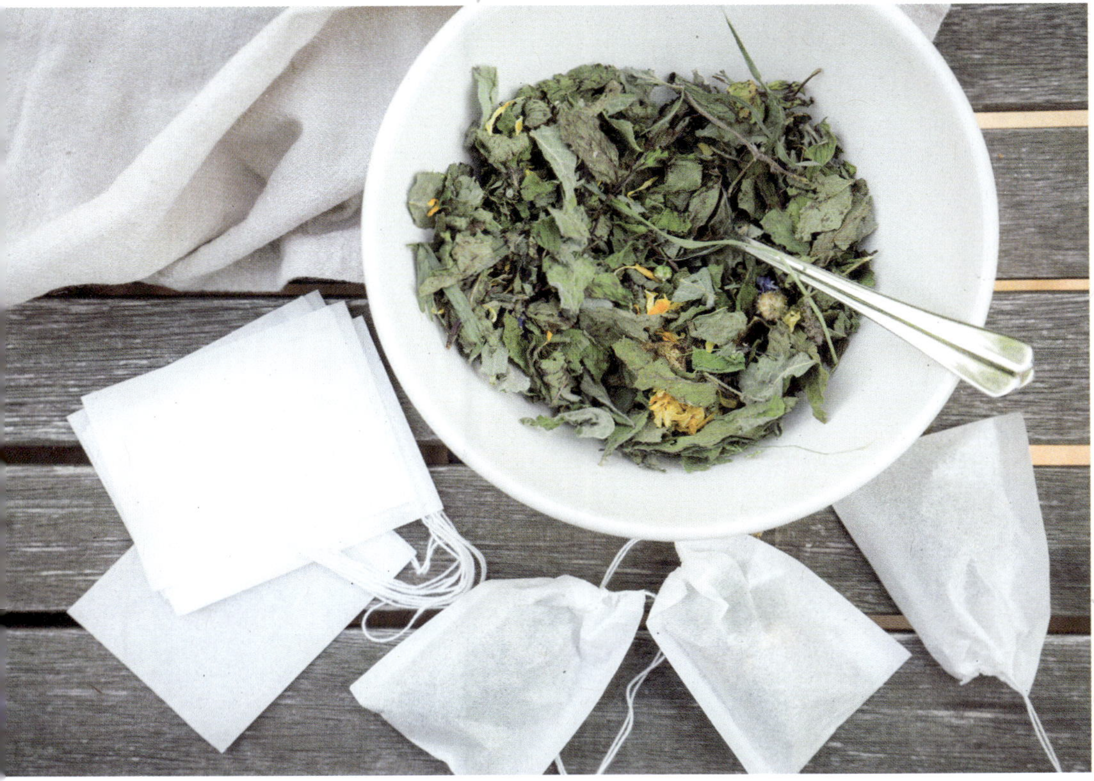

HEISSER-APFELSAFT-GEWÜRZ

Als meine Kinder noch klein waren, gab es nach dem Rodeln oder der Schneeballschlacht immer heißen Apfelsaft. Das ganze Haus duftete dann heimelig nach Äpfeln und Gewürzen. Wenn wir dann mit roten Backen am Tisch saßen, war das supergemütlich. Natürlich kann man die Erwachsenen-Version auch mit Apfelwein zubereiten.

❖ Die folgenden Rezepte ergeben diese **Mengen**:
   10 Gewürzbeutel für 10 l heißen Apfelsaft (Heißer-Apfelsaft-Gewürz)
   etwa 200 ml / 215 g (Heißer-Apfelsaft-to-go-Mix)
❖ **Aufbewahrung**: trocken und dunkel, dicht verschlossen, haltbar mindestens 6 Monate

6 Stangen Zimt
20 Kardamomkapseln
3 Stück Sternanis
20 Gewürznelken
nach Wunsch 2 EL Orangenschalen-Pulver (Rezept siehe Seite 101)

✳ Zimt, Kardamom und Sternanis mit einem großen Messer grob zerkleinern und mit den anderen Zutaten mischen. Auf 10 Teebeutel oder kleine Säckchen aus dünnem Naturtextil verteilen. Die Beutel in einem dicht schließenden Glas aufbewahren, damit der Duft nicht verfliegt.

Verwenden

● Für 1 l heißen Apfelsaft 500 ml Apfelsaft und 500 ml Wasser zusammen erhitzen, 2 Beutel Früchtetee und 1 Säckchen Apfelsaft-Gewürz 10 Minuten darin mitköcheln lassen.

.... **Tipp**

Früher wurden die Säckchen aus leichtem Mullstoff hergestellt. Das sieht besonders in der Weihnachtszeit nett aus! Übrigens, auch ein schönes Geschenk.
....

Heisser-Apfelsaft-to-go-Mix

200 g Roh-Rohrzucker
1 EL Zimtpulver
½ TL Muskatnuss, gerieben
½ TL Gewürznelken, gemahlen

- ❄ Alle Zutaten gut mischen.
- ❄ In einem dicht schließenden Glas aufbewahren.

Verwenden
- ● 1 EL der Mischung in ein Glas heißen Apfelsaft rühren. Damit ist der heiße Apfelsaft sofort trinkfertig. Pusten nicht vergessen!

ARABISCHES KAFFEEGEWÜRZ

Eigentlich bleibt der klassische Cappuccino oben »nackig«. Wem es aber »de Luxe« einfach besser schmeckt, der gönnt sich eine gute Ladung Würze oben drauf. Weniger würzig, dafür schokoladiger ist der Schokowölkchen-Mix für den Cappuccino-Schaum.

❖ Die folgenden Rezepte ergeben diese **Mengen:** etwa 50 ml / 30 g pro Mischung
❖ **Aufbewahrung:** trocken und dunkel, dicht verschlossen, haltbar mindestens 1 Jahr

2 TL Kardamom, gemahlen
2 TL Gewürznelken, gemahlen
2 TL Zimtpulver
1 TL Piment, gemahlen
1 TL Vanillezucker (Rezept siehe Seite 100)
½ TL schwarzer Pfeffer, gemahlen
½ TL Muskatnuss, gerieben

✳ Alle Zutaten mischen. In einem Glas oder einer Gewürzdose mit Streuöffnung aufbewahren. Vor dem Einschenken eine gute Prise des Gewürzes in die Tasse geben oder direkt auf den Milchschaum streuen.

SCHOKOWÖLKCHEN-MIX

3 EL Kakaopulver (stark entölt, sonst fällt der Milchschaum zusammen!)
2 – 3 EL Roh-Rohrpuderzucker
½ TL Vanillepulver (Rezept siehe Seite 100)
½ TL Zimtpulver

✳ Alle Zutaten mischen und in einem dicht schließenden Glas oder einer Gewürzdose aufbewahren. Direkt auf den Milchschaum streuen.

GOLDENE PASTE

Goldene Paste ist sowohl ein Gewürz als auch ein altes asiatisches Heilmittel. Kurkuma, auch Gelbwurz genannt, wirkt entzündungshemmend, reduziert Schmerzen und Fieber. Der Wirkstoff in Kurkuma ist das Curcumin, das auch für die gelbe Farbe verantwortlich ist. Allerdings wird Curcumin vom Körper nicht so leicht absorbiert. Die Zugabe von schwarzem Pfeffer und Öl hilft, die Bioverfügbarkeit des Curcumins zu verbessern. Achtung: Kurkuma färbt intensiv gelb! Arbeiten Sie sehr gewissenhaft.

❖ Das folgende Rezept ergibt diese **Menge:** etwa 350 ml / 370 g
❖ **Aufbewahrung:** kühl und dunkel, dicht verschlossen, haltbar mindestens 1 Monat

50 g Kurkumapulver
250 ml Wasser
½ TL schwarzer Pfeffer, gemahlen
70 ml Pflanzenöl (zum Beispiel natives Kokosöl oder Olivenöl)

❋ Kurkuma und Wasser in einer Pfanne mischen und auf kleiner Stufe unter Rühren erhitzen, bis die Mischung dick wie eine Paste wird. Das kann einige Minuten dauern. Sie können die Konsistenz beeinflussen, indem Sie noch etwas Wasser oder Kurkuma hinzufügen. Pfeffer und Öl dazugeben und gut unterrühren. Abkühlen lassen.
❋ In einem dicht schließenden Glas kühl aufbewahren.

Verwenden

● Eine beliebte Verwendung der Paste ist **Goldene Milch.** Dafür 1 TL der Paste in 1 Tasse kalter oder warmer (Pflanzen-)Milch lösen.
● Goldene Paste kann als **Würzmittel** auch in Currys, Suppen, in Reisgerichten und anderen herzhaften Gerichten verwendet werden. Als tägliche Menge wird 1 TL der Paste empfohlen.

Kakaomischung

Für kalte Tage oder als Seelentröster ist diese leckere Kakaomischung bestens geeignet! Zwar muss man sie kurz kochen, aber dafür schmeckt sie ungleich leckerer als die deutlich süßeren Instandmischungen.

Mischen Sie für etwa 250 ml / 210 g Kakaomischung 100 g Roh-Rohrzucker und 100 g Kakaopulver mit je 1 TL Orangenschalen-Pulver (Rezept siehe Seite 101), Ingwerpulver, Zimtpulver und gemahlenem Kardamom. In einem dicht schließenden Glas aufbewahren. Für eine Tasse Kakao 2 EL der Mischung mit 200 ml (Pflanzen-)Milch anrühren und unter Rühren zum Kochen bringen. Deliziös!

TORTENGUSS UND PUDDINGPULVER

TORTENGUSS

Dieses Rezept ist so einfach, dass man wirklich nicht mehr auf gekauften Tortenguss zurückgreifen muss. Auch andere Geliermittel wie Agar-Agar eignen sich in der Handhabung und im Ergebnis meiner Erfahrung nach weniger gut. Hier ist die einfache Lösung wirklich die beste! Mit anderen Stärkearten erzielt man zwar ein ähnliches Ergebnis, allerdings wird der Guss damit nicht klar. Deshalb lieber Kartoffelstärke verwenden!

❖ Das folgende Rezept ergibt diese **Menge:** etwa 450 ml / 500 g
❖ **Aufbewahrung:** trocken und dunkel, dicht verschlossen, haltbar mindestens 1 Jahr

200 g Kartoffelstärke
300 g Roh-Rohrzucker

❋ Beide Zutaten gut mischen und in einem dicht schließenden Glas aufbewahren. Vor Gebrauch das Glas gut schütteln.

Verwenden

● Der Guss für einen Tortenboden wird aus 3 EL Tortenguss-Mischung und 250 ml Wasser oder Fruchtsaft wie folgt zubereitet: Das Pulver mit etwas von der kalten Flüssigkeit glatt rühren. Derweilen den Rest der Flüssigkeit in einem kleinen Topf zum Kochen bringen. Die angerührte Mischung einrühren und unter Rühren kurz aufkochen lassen, bis die Flüssigkeit geliert. Auf dem Tortenboden verteilen.

PUDDINGPULVER

Puddingpulvermachen ist eine der leichteren Übungen. Zum größten Teil bestehen Puddingpulver aus Speisestärke und einigen wenigen Gewürzen. Selbst gemacht, kommen sie außerdem ohne künstliche Farbstoffe, Konservierungsstoffe und E-Nummern aus. Und der Preis ist unschlagbar!

❖ Die folgenden Rezepte ergeben diese **Mengen:** 275 – 400 ml / 200 – 300 g pro Mischung
❖ **Aufbewahrung:** trocken und dunkel, dicht verschlossen,
  haltbar mindestens 3 Monate (Mohnpudding),
  mindestens 1 Jahr (alle anderen Puddingpulversorten)

Puddingpulver mischen

❋ Alle Zutaten des jeweiligen Rezeptes gut vermischen.
❋ In einem dicht schließenden Glas aufbewahren.
❋ Ich würze alle Puddingpulver mit Vanille. Wenn man Vanilleschoten statt Vanillepulver nimmt, die Schoten mit einem Messer längs aufschlitzen, das Mark herauskratzen und für die Mischung verwenden, dabei darauf achten, dass es nicht klumpt.
❋ Wie man das Puddingpulver verwendet, steht auf Seite 92.

VANILLEPUDDING

Der selbst gemachte Vanillepudding ist etwas blasser als viele Kaufvarianten. Wer es gelber mag, kann noch 1 TL Kurkumapulver in die Grundmischung geben. Der Geschmack verändert sich dadurch geringfügig.

200 g Speisestärke
2 – 3 TL Vanillepulver (Rezept siehe Seite 100) oder 2 – 3 Vanilleschoten
½ TL Meersalz

Schokoladenpudding

Für einen besonders schokoladigen Pudding kann man noch 100 g Schokoraspel dazugeben.

200 g Speisestärke
60 g Kakaopulver
1 TL Vanillepulver (Rezept siehe Seite 100) oder 1 Vanilleschote
½ TL Meersalz

Nusspudding

200 g Speisestärke
100 g Nüsse, fein gerieben
1 TL Vanillepulver (Rezept siehe Seite 100) oder 1 Vanilleschote
½ TL Meersalz

Gewürzpudding

200 g Speisestärke
2 TL Zimtpulver
1 TL Vanillepulver (Rezept siehe Seite 100) oder 1 Vanilleschote
½ TL Meersalz
¼ TL Gewürznelken, gemahlen

Mohnpudding

200 g Speisestärke
50 g Mohn, gemahlen
1 TL Vanillepulver (Rezept siehe Seite 100) oder 1 Vanilleschote
½ TL Meersalz

Griesspudding

Mit dieser Mischung erhält man einen Grießpudding, keinen Grießbrei. Grießpudding muss nach dem Aufkochen noch mindestens 10 Minuten ruhen, damit der Grieß richtig ausquellen kann. Der Pudding lässt sich auch prima statt Vanillepudding in Käsekuchen verarbeiten. Superlecker!

100 g Speisestärke
100 g Weichweizengrieß
1 TL Vanillepulver (Rezept siehe Seite 100) oder 1 Vanilleschote
½ TL Meersalz

Puddingpulver verwenden

- Für einen Pudding aus 500 ml (Pflanzen-)Milch benötigt man 45 g der jeweiligen Puddingpulver-Mischung, das entspricht etwa 5 gehäuften EL. Gesüßt wird nach Belieben mit 1–2 EL Roh-Rohrzucker oder einem anderen Süßungsmittel.
- Etwas von der kalten Milch abnehmen und das Pulver plus gegebenenfalls Zucker oder anderes Süßungsmittel damit anrühren. Die restliche Milch zum Kochen bringen, das angerührte Pulver gut unterrühren und noch einmal kurz aufkochen lassen. Heiß oder kalt genießen!

Tipp

Wenn man statt 45 g nur 30 g Puddingpulver (3 gehäufte EL) nimmt, bekommt man statt Pudding eine Sauce, zum Beispiel Vanillesauce.

SAHNEFESTIGER

Dieser Sahnefestiger aus nur zwei Zutaten bewirkt, dass die steif geschlagene Sahne länger fest bleibt und nicht so schnell zerläuft.

❖ Das folgende Rezept ergibt diese **Menge:** etwa 500 ml / 285 g
❖ **Aufbewahrung:** trocken und dunkel, dicht verschlossen, haltbar mindestens 1 Jahr

150 g (250 ml) Roh-Rohrpuderzucker
135 g (250 ml) Speisestärke

❅ Die Zutaten gut mischen.
❅ In einem dicht schließenden Glas aufbewahren.

Verwenden
● Zum Aufschlagen von 250 ml Sahne 2 TL Sahnefestiger mit etwas von der Schlagsahne glatt rühren und zum Rest der Sahne geben. Die Sahne wie gewohnt süßen und aufschlagen.

EXTRAKTE

Zum Backen oder für Desserts werden gerne Extrakte und Aromen eingesetzt. Diese hier können sehr leicht selbst gemacht werden. Als Grundlage und Lösungsmittel dient Wodka. Mit einem Alkoholgehalt von rund 40 Prozent ist er zugleich das Konservierungsmittel. Dennoch sollten auch in diesem Fall die verwendeten Geräte sehr sauber sein und die Behältnisse, in die der Extrakt abgefüllt wird, zuvor heiß ausgespült oder im Backofen sterilisiert werden (siehe Seite 12 und Seite 33).

❖ Die folgenden Rezepte ergeben diese **Mengen:** etwa 250 ml pro Mischung
❖ **Aufbewahrung:** kühl und dunkel, dicht verschlossen, haltbar mindestens 1 Jahr

Extrakte verwenden
● Für ein haushaltsübliches Rezept für vier Personen 1–2 TL Extrakt verwenden, nach Geschmack auch mehr.

PFEFFERMINZ-EXTRAKT
3–4 Zweige Pfefferminze
250 ml Wodka

✳ Die Blätter von der Pfefferminze abzupfen, grob zerkleinern und mit dem Wodka in eine Flasche oder in ein Glas mit Deckel geben. 1 Monat stehen lassen, dabei das Glas immer mal wieder gut schütteln. Die Flüssigkeit durch ein feines Sieb abseihen und in eine saubere Flasche füllen.

Tipp

In schöne Fläschchen abgefüllt, sind die Extrakte auch ein nettes Mitbringsel!

VANILLE-EXTRAKT

1 – 2 Vanilleschoten
250 ml Wodka

❋ Vanilleschoten mit dem Messer aufschlitzen, das Mark auskratzen und sowohl die Schoten als auch das Mark in eine Flasche oder in ein Glas mit Deckel geben. Mit Wodka auffüllen und gut 1 Monat stehen lassen. Dann kann man den Extrakt schon verwenden. Die Vanilleschoten im Extrakt lassen oder nach Belieben entfernen. Immer wieder mit Wodka auffüllen, so hat man richtig lange davon.

ZIMT-EXTRAKT

4 Stangen Zimt
250 ml Wodka

❋ Zimtstangen in ein Glas mit Deckel geben. Mit Wodka auffüllen und gut 1 Monat stehen lassen. Die Flüssigkeit durch ein feines Sieb abseihen und in eine saubere Flasche füllen.

KAFFEE-EXTRAKT

4 EL Kaffeebohnen
250 ml Wodka

❋ Die Kaffeebohnen im Mörser oder Mixer grob zerkleinern. Mit dem Wodka in eine Flasche oder in ein Glas mit Deckel geben. Die Flüssigkeit 2 – 3 Monate stehen lassen, dabei das Glas immer mal wieder gut schütteln. Den fertigen Extrakt durch ein feines Sieb abseihen und in eine saubere Flasche füllen.

MANDEL-EXTRAKT

Für Mandel-Extrakt aus dem Handel werden Bittermandeln genommen. Weil im menschlichen Körper aus diesen aber giftige Blausäure entsteht und wir unseren Mandel-Extrakt nicht mit den Methoden der Lebensmittelproduktion herstellen, verwenden wir lieber süße (»normale«) Mandeln. Der Extrakt wird damit etwas weniger kräftig, aber so ist man auf der sicheren Seite.

8 Mandeln
250 ml Wodka

* Die Mandeln müssen ohne Haut sein, da die Haut den Extrakt bitter machen würde. Also gegebenenfalls kurz in kochendes Wasser geben, dann kalt abspülen. So lassen sich die Häute leicht entfernen.
* Die Mandeln grob hacken und mit dem Wodka in eine Flasche oder in ein Glas mit Deckel geben. 2–3 Monate stehen lassen, dabei das Glas immer mal wieder gut schütteln. Die Flüssigkeit durch ein feines Sieb abseihen und in eine saubere Flasche füllen.

ZITRONEN-EXTRAKT

5 Bio-Zitronen
250 ml Wodka

* Die Schalen sorgfältig von den Zitronen abreiben oder schneiden. Es darf keine weiße Haut dabei sein, sie macht den Extrakt bitter. Mit dem Wodka in eine Flasche oder in ein Glas mit Deckel geben. 2–3 Monate stehen lassen, ab und zu gut schütteln. Durch ein feines Sieb oder einen Kaffeefilter abseihen und in eine saubere Flasche füllen.

-- **Tipp**

Auf die gleiche Art kann man auch Orangen-Extrakt (mit den Schalen von 4 Bio-Orangen auf 250 ml Wodka) und Grapefruit-Extrakt (mit den Schalen von 3 Bio-Grapefruits auf 250 ml Wodka) machen. Unbedingt darauf achten, dass die Fruchtschalen unbehandelt sind!

VANILLE

Vanille ist ein Gewürz, gewonnen aus der Vanille-Orchidee. Etwa die Hälfte der Welt-produktion stammt von den Inseln Madagaskar und La Réunion (früher Bourbon). Dort werden die Früchte in Handarbeit angebaut, geerntet und in einem aufwendigen Verfahren aufbereitet und getrocknet. Die so gewonnenen Schoten haben ein einzigartiges Aroma und sind aus unserer Küche nicht mehr wegzudenken. Neben der in Europa beliebten Bourbon-Vanille gibt es vor allem noch die mexikanische Vanille und Tahiti-Vanille.

❖ Die folgenden Rezepte ergeben diese **Mengen:** etwa 200 ml (Vanillepaste) je nach Ausgangsmenge (Vanillepulver, Vanillezucker)
❖ **Aufbewahrung:** trocken und dunkel, dicht verschlossen, haltbar mindestens 1 Jahr angebrochene Gläser Vanillepaste kühl lagern und innerhalb eines Monats aufbrauchen

VANILLEPASTE

Diese zähflüssige Paste ist eigentlich ein Sirup, aber durch die hohe Vanillekonzentration ist sie tatsächlich ein Hammer-Gewürz. Sie eignet sich wie Vanille-Extrakt (Rezept siehe Seite 96) sehr gut zum Zubereiten von Vanillepudding, Vanillecremes, Vanillequark, Vanillesaucen, Süßspeisen oder einfach nur in Tee oder Kaffee. ½ TL Vanillepaste reicht für etwa 500 g Masse.

3 Vanilleschoten
200 g brauner Kandiszucker
200 ml Wasser

❋ Das Mark aus den Vanilleschoten kratzen, die Schoten in 1–2 cm lange Stücke schneiden. Schoten und Mark mit dem Kandis und dem Wasser aufsetzen und köcheln lassen, bis eine sirupartige Masse ent-steht. Achtung, nicht zu dick werden lassen. Die Paste dickt noch sehr nach, wenn sie ausgekühlt ist. Zum Prüfen am besten einen Tropfen davon auf eine Untertasse geben. Er sollte zäh, aber noch etwas flüssig sein. Noch heiß in kleine Twist-off-Gläser füllen.

VANILLEPULVER

✳ Vanilleschoten an der Luft oder neben der Heizung trocknen lassen. Der Backofen ist dafür nicht so gut geeignet, weil die Schoten dort bitter werden können. Auch im Dörrgerät bei niedrigster Temperatur können die Schoten getrocknet werden. Wenn sie ganz durchgetrocknet sind, in einer elektrischen Kaffeemühle zu Pulver mahlen. In einem dicht schließenden Gläschen trocken und dunkel aufbewahren.

VANILLEZUCKER

✳ Vanillezucker selbst zu machen, ist ganz leicht. Am besten nimmt man die ausgekratzten Schoten, die vom Backen und Kochen übrig sind, und füllt die ganzen Schoten mit dem Zucker in ein Schraubglas. Pro Vanilleschote 200 g Zucker verwenden. 1–2 Wochen durchziehen lassen, fertig! In einem dicht schließenden Glas trocken und dunkel aufbewahren.

.... **Tipp**

Noch mehr Lust auf Vanille? Dann probieren Sie auch Vanillepudding (Rezept siehe Seite 88), Vanillesauce (Rezept siehe Seite 92), Vanille-Extrakt (Rezept siehe Seite 96) und Vanillehonig (Rezept siehe Seite 32).

Orangenschalen-Pulver

Orangenschalen-Pulver kann beim Backen, für Süßspeisen, aber auch Salate und orientalische Gerichte verwendet werden. Das frisch-herbe Aroma und die unvergleichliche Farbe sind immer eine Bereicherung für die Sinne. Unbedingt darauf achten, dass die Schalen der Orangen unbehandelt sind.

❖ Das folgende Rezept ergibt diese **Menge:**
   50 – 100 ml (je nach Ergiebigkeit der Fruchtschalen) / 25 – 50 g
❖ **Aufbewahrung:** trocken und dunkel, dicht verschlossen, haltbar mindestens 6 Monate

5 Bio-Orangen
150 ml Wasser
40 g Roh-Rohrzucker

* Die Orangenschalen mit einem Sparschäler so fein abschälen, dass möglichst kein Weiß dabei ist. Grob zerkleinern. Wasser und Zucker zum Kochen bringen, die Orangenschalen darin 15 Minuten köcheln lassen.
* Die Schalen herausfischen und entweder im Dörrapparat oder im Backofen trocknen lassen (siehe Seite ab 12). Die Trockenzeit beträgt bei 50 °C etwa 3 Stunden. Die getrockneten Schalen im Mixer zu Pulver mahlen und in einem dicht schließenden Glas aufbewahren.

.... **Tipp**

Das Rezept funktioniert auch sehr gut mit Zitronenschalen. Je nach Größe der Zitronen nimmt man dafür 6 – 8 Bio-Zitronen. Zitronenschalen-Pulver kann überall dort eingesetzt werden, wo abgeriebene Zitronenschale (Zitronenabrieb) verlangt wird. 1 – 2 TL Pulver entsprechen der frisch abgeriebenen Schale von 1 Zitrone.

....

101

LEBKUCHENGEWÜRZ

Manche Gewürze sind mehr als nur Beigaben beim Kochen, manche lassen einen ganzen Film in unserem Kopf ablaufen. Lebkuchengewürz ist für mich ein solches Gewürz. Wenn ich es rieche, denke ich an Kindheit, an Weihnachten, Gemütlichkeit. Deshalb wäre es viel zu schade, dieses Gewürz tatsächlich nur zum Lebkuchenbacken zu verwenden …

❖ Das folgende Rezept ergibt diese **Menge:** etwa 125 ml / 75 g
❖ **Aufbewahrung:** trocken und dunkel, dicht verschlossen, haltbar mindestens 1 Jahr

2 EL Zimtpulver
2 EL Ingwerpulver
2 EL Piment, gemahlen
2 EL Koriander, gemahlen
1 TL Muskatnuss, gerieben
1 TL Gewürznelken, gemahlen
1 Prise schwarzer Pfeffer, gemahlen

❋ Alle Zutaten mischen.
❋ In einem dicht schließenden Schraubglas verwahren.

Tipp

Für Lebkuchen, aber auch für Süßspeisen, Kuchen, Kakao, auf den Latte oder ins Kaffeepulver gemischt. Probieren Sie Lebkuchengewürz mal auf ofengeröstetem Wurzelgemüse!

WAFFELN MIT LEBKUCHENGEWÜRZ

120 g weiche Butter
60 g Roh-Rohrzucker
3 Eier
200 g Buchweizenmehl
2 TL Weinstein-Backpulver
50 g Speisestärke
1 Prise Meersalz
2 TL Lebkuchengewürz
250 ml Milch
eventuell Fett für das Waffeleisen
Roh-Rohrpuderzucker zum Bestreuen

* Die Butter mit dem Zucker schaumig schlagen. Eier einzeln unterrühren. Mehl, Backpulver, Speisestärke und Gewürze mischen und dazugeben. Die Milch nach und nach unterrühren.
* Ein Waffeleisen einfetten, wenn nötig, und auf mittlerer Stufe vorheizen. Die Waffeln darin goldbraun backen. Mit Puderzucker bestreut servieren.

Fotos folgende Doppelseite:
links: Orangenschalen-Pulver (Rezept Seite 101)
rechts: oben: Vanille-Extrakt (Rezept Seite 96)
und Mandelmilch (Rezept Seite 106)
unten: Lebkuchengewürz (Rezept Seite 102)

NUSSMILCH

Nussmilch lässt sich leicht selbst herstellen. Gerade für Menschen mit Laktoseintoleranz oder bei rein pflanzlicher Ernährung ist sie eine gute Alternative zur Kuhmilch. Je nachdem, welche Nüsse als Ausgangsprodukt genommen werden, variiert sie etwas im Geschmack. Mandelmilch ist eher geschmacksneutral, weshalb sie wahrscheinlich eine besonders beliebte Nussmilch ist.

❖ Die folgenden Rezepte ergeben diese **Mengen:** etwa 1 l pro Mischung
❖ **Aufbewahrung:** im Kühlschrank, dicht verschlossen, haltbar 4 Tage

MANDELMILCH

Mandeln sind reich an ungesättigten Fettsäuren, Mineralstoffen und Spurenelementen sowie den Vitaminen B_1, B_2 und dem antioxidativ wirkenden Vitamin E.

300 g ungeschälte Mandeln, alternativ Cashewnüsse oder andere Nüsse
Wasser

❋ Die Mandeln in ein Gefäß geben und mit Wasser bedeckt über Nacht einweichen. Das Wasser abschütten und die Mandeln gut abspülen. Die Mandeln im Mixer mit 1 l frischem Wasser 3 Minuten pürieren, bis eine cremige Flüssigkeit entstanden ist. Die Flüssigkeit durch ein sauberes Mulltuch oder einen Nussmilchbeutel gießen. Auswringen, bis der zurückgehaltene Trester im Tuch ganz trocken ist. Die so erhaltene Milch kann im Kühlschrank 4 Tagen aufbewahrt werden.

Tipp

Wenn man öfter Nussmilch oder Getreidemilch macht, ist ein Nussmilchsäckchen eine praktische Sache. Eine preisgünstige Alternative dazu ist ein kleiner Wäschesack aus der Drogerie, der auch gut dafür geeignet ist.

HAFERMILCH

Hafermilch ist cie schnelle Alternative zur Nussmilch, da die dafür verwendeten Haferflocken nicht über Nacht eingeweicht werden müssen. Hafer ist reich an Mineralstoffen wie Natrium, Kalium, Magnesium, Calcium und Phosphor, Spurenelementen wie Eisen, Zink und Kupfer sowie Vitaminen wie Folsäure, Vitamin E, Vitamin B_2 und Vitamin B_6. Probieren Sie auch einmal andere Getreideflocken für dieses Rezept aus.

100 g zarte Haferflocken
1 Prise Meersalz
1 l Wasser

❖ Alle Zutaten zusammenrühren und kurz zum Kochen bringen. Wieder abkühlen lassen und im Mixer pürieren. Durch ein sauberes Mulltuch oder einen Nussmilchbeutel gießen und auswringen.

Tipp

Wer die Nussmilch oder Getreidemilch süßer mag, kann vor dem Mixen noch etwas Honig, Agavendicksaft oder 3 – 4 entsteinte Datteln dazugeben. Oder würzen Sie mit Zimt oder Vanille. Soll die Milch cremiger werden, einfach die Wassermenge reduzieren. Den im Tuch oder Beutel zurückbleibenden Trester können Sie trocknen und zum Beispiel als Mandelmehl weiterverwenden.

NUSS UND KORN

KROKANT

Der Name »Krokant« kommt aus dem Französischen: »croquer« heißt »krachen, knabbern, knuspern«. Und knusprig soll Krokant auch sein. Dann schafft er es auf Kuchen, über den Obstsalat oder das Müsli und dekoriert so manche Süßspeise. Nussig, süß und ein kleines bisschen bitter ist er eine Delikatesse!

- ❖ Das folgende Rezept ergibt diese **Menge:** etwa 200 g
- ❖ **Aufbewahrung:** trocken und dunkel, dicht verschlossen, haltbar mindestens 6 Monate

100 g Mandeln, gehäutet (oder andere Nüsse)
50 g Butter
60 g Roh-Rohrzucker

- ❖ Die Mandeln hacken: je nachdem, wofür man den Krokant verwenden möchte, eher gröber oder feiner. Wer will, kann auf schon gehackte oder gehobelte Mandeln zurückgreifen.
- ❖ Butter und Zucker in einer Pfanne karamellisieren lassen. Die Mandeln dazugeben und unter Rühren kurz bräunen lassen. Vorsicht, sie verbrennen schnell! Auf ein Schneidbrett gießen, glatt streichen und abkühlen lassen.
- ❖ Nach dem Kaltwerden mit einem großen Messer in kleine Stückchen hacken. In einem dicht schließenden Schraubglas aufbewahren.

Tipp

Klassisch wird Krokant aus Nüssen gemacht, sehr lecker ist er aber auch aus Sesam, Haferflocken oder Sonnenblumenkernen.

NUSSMIX

Nüsse sind kleine Kraftpakete der Natur, gefüllt mit gesunden Nährstoffen. Sie haben einen hohen Anteil an mehrfach ungesättigten Fettsäuren. Außerdem enthalten sie wichtige Proteine, B-Vitamine, Folsäure und Vitamin E, viele Mineralstoffe und Spurenelemente.

❖ Die folgenden Rezepte ergeben diese **Mengen:**
   etwa 400 g (gebrannte Mandeln), etwa 550 g (pikante Knabbernüsse),
   1 kg (Walnüsse in Honig)
❖ **Aufbewahrung:** trocken und dunkel, dicht verschlossen, haltbar mindestens 3 Monate

GEBRANNTE MANDELN

125 ml Wasser
200 g Roh-Rohrzucker
1 EL Vanille-Extrakt (Rezept siehe Seite 96)
½ TL Zimtpulver
200 g Mandeln, nicht gehäutet

❈ Wasser, Zucker, Vanille-Extrakt und Zimtpulver in einer Pfanne kurz aufkochen lassen. Die Mandeln dazugeben und weiterkochen lassen, bis das Wasser verdunstet ist. Das kann bis zu 15 Minuten dauern. Dabei ab und zu umrühren.

❈ Die Mandeln auf eine Lage Backpapier geben, wenn möglich, schon jetzt etwas vereinzeln, und auskühlen lassen. Vorsicht, die Zuckermasse ist sehr heiß! Nach dem Abkühlen in einem dicht schließenden Glas aufbewahren.

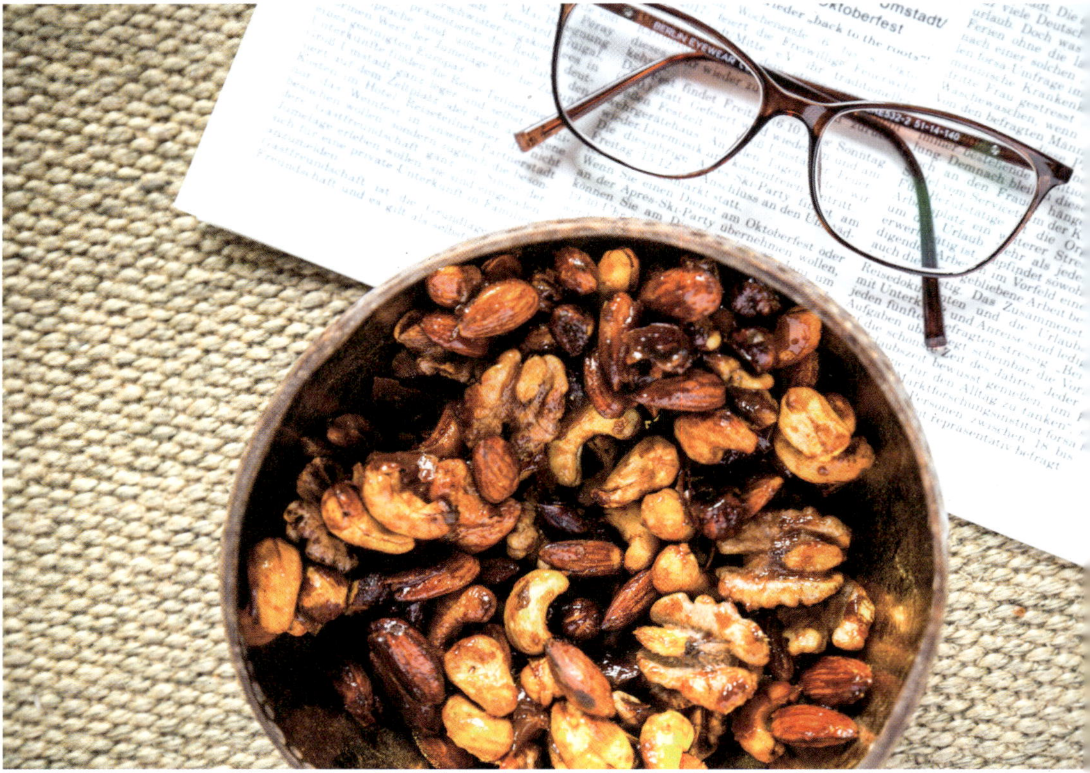

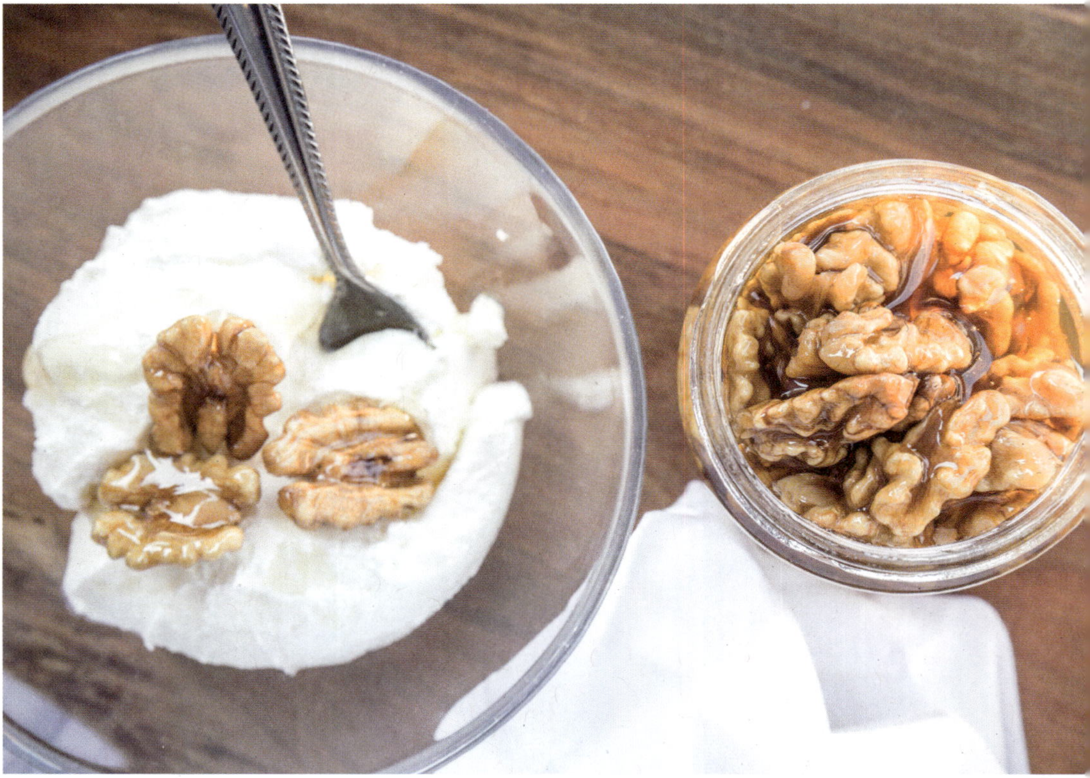

PIKANTE KNABBERNÜSSE

2 EL flüssiger Honig
1 EL geschmacksneutrales Pflanzenöl (zum Beispiel Rapsöl)
1 TL Chilipulver
1 TL Cayennepfeffer
1 TL Currypulver
½ TL Meersalz
500 g Nüsse, gemischt (Mandeln, Haselnüsse,
Walnüsse, Cashewnüsse, Pekannüsse ...)

* Honig, Öl und Gewürze gut miteinander verrühren. Zu den Nüssen geben und mischen, bis die Nüsse gut damit bedeckt sind. Ein Backblech mit Backpapier belegen oder mit Backtrennmittel einpinseln (Rezept siehe Seite 152) und die Nussmischung darauf verteilen. Im vorgeheizten Backofen bei 200 °C (Umluft) 8 – 10 Minuten rösten, dabei die Nüsse ab und zu wenden. Nach dem Abkühlen in einem dicht schließenden Glas aufbewahren.

WALNÜSSE IN HONIG

Probieren Sie diese Walnüsse auf griechischem Joghurt. Ein Gedicht!

500 g Walnüsse
500 g flüssiger Honig

* Die Walnüsse grob hacken und mit dem Honig mischen.
* In kleinere Gläschen abfüllen.

GRANOLA

Granola ist eine knusprige Mischung aus Getreideflocken, Nüssen, Samen, Honig und Gewürzen. Zusammen mit Milch oder Naturjoghurt wird daraus ein leckeres Frühstück und ein super Energielieferant. Wer mag, kombiniert noch frisches Obst dazu. Granola schmeckt auch als Topping auf Desserts oder als schneller Snack direkt aus dem Glas.

Ursprünglich kommt Granola aus den USA, ist aber als »Knuspermüsli« schon lange auch hierzulande weit verbreitet. Man kann es leicht selbst herstellen. Erlaubt ist, was gefällt und schmeckt. Je nach eigenen Vorlieben, Saison und Jahreszeit und überhaupt, was der Küchenschrank so hergibt, stellt man sich sein eigenes Granola zusammen. Auch für Allergiker bietet sich die selbst gemachte Variante an: So kann alles, was nicht gut bekommt, draußen bleiben. Aus diesem Grund finden Sie auf der folgenden Seite ein Grundrezept, das Sie beliebig abwandeln können.

- ❖ Das folgende Rezept ergibt unterschiedliche **Mengen** aufgrund der wahlweise sehr unterschiedlichen Zutaten.
- ❖ **Aufbewahrung:** kühl und dunkel, dicht verschlossen, haltbar mindestens 4 Wochen

Studentenfutter

Seinen Namen hat der Knabberklassiker von seiner positiven Wirkung auf das Gehirn. Glukose als Gehirntreibstoff, Magnesium gegen Stress, nervenstärkende B-Vitamine und gute Fette für den Geistesblitz. Gerade als Zwischenmahlzeit oder für unterwegs ist es sehr praktisch.

Studentenfutter ist ein Mix aus verschiedenen Nüssen mit Rosinen, klassisch im Verhältnis 40 Prozent Rosinen zu 60 Prozent Nüssen. Wenn Sie keine Rosinen mögen, nehmen Sie einfach andere Trockenfrüchte.

GRUNDREZEPT GRANOLA

trockene Zutaten:
250 g (500–700 ml je nach Getreideart) Getreideflocken
*   (Hafer, Dinkel, Reis, Quinoa ...)*
250 ml Nüsse und Samen (Mandeln, Walnüsse, Haselnüsse,
*   Cashewnüsse, Sesam, Sonnenblumenkerne, Kürbiskerne ...)*
1 TL Meersalz
2 TL Gewürze, gemahlen (Zimt, Ingwer, Kardamom ...)
nach Belieben getrocknete oder frische Kräuter (Rosmarin, Thymian, Lavendel ...)

feuchte Zutaten:
2 EL Pflanzenöl (Olivenöl, natives Kokosöl, Rapsöl ...)
6 EL Honig oder anderes flüssiges Süßungsmittel (Ahornsirup, Agavendicksaft ...)
1–2 TL Vanille-Extrakt (Rezept siehe Seite 96)

nach dem Backen:
150 g Trockenfrüchte (Rosinen, Cranberrys,
*   Datteln, Bananen, Feigen, Äpfel, Aprikosen ...)*
nach Belieben 2–3 EL Extras (Chiasamen, Kokoschips,
*   Schokoladenstückchen oder was das Herz begehrt ...)*

❋ In einer großen Schüssel die trockenen Zutaten mischen. Die feuchten Zutaten separat mischen, eventuell vorsichtig leicht erwärmen, damit der Honig etwas flüssiger wird. Zu den trockenen Zutaten in die Schüssel geben. Mit den Händen gut mischen.

❋ Den Backofen auf 160 °C (Umluft) vorheizen, ein Backblech mit Backpapier belegen oder mit Backtrennmittel einpinseln (Rezept siehe Seite 152). Die Granola-Mischung auf dem Blech verteilen. Im Ofen 20–25 Minuten backen, dabei das Granola ab und zu wenden. Gegen Ende der Backzeit aufpassen, dass es nicht zu dunkel wird.

❋ Gut auskühlen lassen. Die Trockenfrüchte und gegebenenfalls die anderen Zutaten grob hacken und mit dem Granola mischen. In ein dicht schließendes Glas füllen und kühl aufbewahren.

Granolavariationen

- **Vanille-Mandel-Granola:** Dies ist eine puristische Granolaversion. Dafür als Nüsse ausschließlich gehackte Mandeln und als einziges Gewürz insgesamt 4 TL Vanille-Extrakt verwenden.

- **Aprikosen-Kokos-Granola:** Als Gewürz Thymian (1 EL frisch oder 1 TL getrocknet) verwenden. Nach dem Backen getrocknete, klein geschnittene Aprikosen und Kokoschips dazugeben.

- **Pumpkin Spice Granola:** Als Gewürze 2 TL Zimtpulver und 1 TL Pumpkin Spice (Rezept siehe Seite 43) verwenden. Außerdem 2 EL Kürbispüree (gekochter und pürierter Kürbis) unter die feuchten Zutaten mischen.

- **Weihnachtsgranola:** Als Gewürze 1 TL Zimtpulver, ½ TL Ingwerpulver und ½ TL gemahlene Gewürznelken verwenden. Nach dem Backen kandierten Ingwer und getrocknete Cranberrys dazugeben.

SALATKÖRNERMISCHUNG

Eine solche Mischung selbst zusammenzustellen, lohnt sich gleich doppelt: Erstens fährt man damit ungleich günstiger als bei gekauften Varianten und zweitens kann man so die eigenen Wünsche genau umsetzen. Die kleinen Kraftpakete sind voll mit Vitaminen, wertvollen Fettsäuren, pflanzlichen Proteinen und gesundheitsförderlichen sekundären Pflanzenstoffen. Ich mixe mir immer gleich ein ganzes Glas voll, dann geht das Salatmachen ganz fix. In einem dicht schließenden Vorratsglas hält sich die Mischung mindestens 6 Monate.

* Nehmen Sie für Ihre ganz persönliche Mischung zum Beispiel Sesam, Kürbiskerne, Pinienkerne, Leinsamen, Fenchelsamen, Mohn, Sonnen-blumenkerne und (geschälte oder ungeschälte) Hanfsamen.

Tipp

Die Mischung kurz unter Rühren in einer trockenen Pfanne anrösten, dann entfaltet sie noch einmal mehr Aroma.

Herzhaftes Granola

Granola steht hierzulande meist für süßes Knuspermüsli. Aber Granola kann auch herzhaft sein: Als Topping auf Salaten, Suppen, belegten Broten, Grillkäse und Pürees ist es die leckere, knusprige Ergänzung. Auch in größeren Mengen als »Füller«, wenn aus dem Salat eine Hauptmahlzeit werden soll, ist das herzhafte Granola genial. Falls Sie Kürbiskerne verwenden, achten Sie unbedingt darauf, dass die Schalen gut zu essen sind und nicht im Mund »fasern«.

❖ Das folgende Rezept ergibt diese **Menge:** etwa 1 l / 650 g
❖ **Aufbewahrung:** trocken und dunkel, dicht verschlossen, haltbar mindestens 4 Wochen

125 ml geschmacksneutrales Pflanzenöl (zum Beispiel Rapsöl)
2 EL grober Senf (Rezept siehe Seite 130)
1 EL Honig
200 g Haferflocken
100 g Buchweizen, geschrotet
150 g Kerne, Nüsse und Samen
    (zum Beispiel je 50 g Kürbiskerne, Sonnenblumenkerne und heller Sesam)
3 EL frischer Rosmarin, fein geschnitten
½ TL Meersalz
½ TL schwarzer Pfeffer, gemahlen

❋ Öl, Senf und Honig gut verrühren. Die restlichen Zutaten dazugeben und so lange mischen, bis alles angefeuchtet ist. Ein Backblech mit Backpapier belegen oder mit Backtrennmittel einpinseln (Rezept siehe Seite 152). Die Mischung auf das Blech geben und im vorgeheizten Ofen bei 180 °C (Umluft) 20 Minuten backen. Nach der Hälfte der Zeit einmal gut durchmischen. Achtung, nicht zu dunkel werden lassen.

❋ Nach dem Abkühlen in einem dicht schließenden Glas aufbewahren. So hält es sich mindestens 4 Wochen. Wenn es sich hält ...

PILZRISOTTO-MIX

Für ein perfektes Risotto sollte man unbedingt den speziellen Risottoreis mit großen und runden Körnern nehmen. Dadurch wird der Risotto cremig, behält aber seinen Biss. Milchreis sieht zwar ähnlich aus, hat aber völlig andere Kocheigenschaften. Risottoreis sollte man vor dem Kochen niemals waschen, da sonst die außen an den Körnern anhaftende klebende Stärke verloren geht.

❖ Das folgende Rezept ergibt diese **Menge:** etwa 2 l / 1,25 kg
❖ **Aufbewahrung:** trocken und dunkel, dicht verschlossen, haltbar mindestens 6 Monate

100 g getrocknete Tomaten
100 g getrocknete Pilze
2 TL getrockneter Oregano
2 TL getrockneter Thymian
1 TL getrockneter Rosmarin
5 EL Gemüsebrühe-Pulver (Rezept siehe Seite 67)
4 EL getrocknete Zwiebeln (Rezept siehe Seite 66)
1 EL Knoblauchpulver (Rezept siehe Seite 142)
1 kg Risottoreis

❋ Die getrockneten Tomaten und die Pilze in kleinere Stückchen schneiden, die Kräuter grob rebeln. Alle Zutaten miteinander in einem Glas gut vermischen und dicht verschlossen aufbewahren. Vor Entnahme immer gut mischen.

.... **Tipp**

Die Menge für vier Portionen (etwa 300 g) passt genau in eine 500-Milliliter-Flasche – ein schönes Geschenk. Hübsch sieht es aus, wenn die Zutaten separat geschichtet werden.

Verwenden

- Für vier Portionen etwa 300 g Risotto-Mischung in einen ausreichend großen Topf geben. Mit kochendem Wasser knapp bedeckt begießen und unter Rühren köcheln lassen. Immer so viel heißes Wasser zugießen, dass der Reis gerade bedeckt ist. Insgesamt wird etwa 1 l heißes Wasser benötigt. Wer mag, kann für das erste Übergießen statt Wasser 1 Glas Wein nehmen.

- Nach etwa 20 Minuten sollten die Reiskörner außen weich und innen noch körnig sein. Dann 50 g Butter und 100 g geriebenen Parmesan unterrühren, Deckel auflegen und 2–3 Minuten ziehen lassen. Fertig.

.... **Variante**

Für einen Apfel-Milchreis-Mix 500 g Milchreis mit 75 g Roh-Rohrzucker, 100 g Rosinen, 75 g getrockneten Apfelstückchen, 50 g gehobelten Mandeln und 2 EL Zimtpulver mischen. Ergibt etwa 800 g. 200 g davon mit 500 ml Milch 20–30 Minuten köcheln lassen.

FALAFEL-MIX

Falafel sind ein leckeres Gericht aus Kichererbsen. Entweder werden sie aus Kichererbsenpüree gemacht oder wie hier aus Kichererbsenmehl. Mit diesem Mix haben Sie immer eine schnelle Mahlzeit zur Hand. Falafel schmecken auch am nächsten Tag noch gut, egal, ob kalt oder aufgewärmt, und können gut ins Büro oder zu einem Picknick mitgenommen werden.

❖ Das folgende Rezept ergibt diese **Menge:** etwa 750 ml / 550 g
❖ **Aufbewahrung:** trocken und dunkel, dicht verschlossen, haltbar mindestens 6 Monate

500 g geröstetes Kichererbsenmehl
3 TL Zwiebelpulver (Rezept siehe Seite 142)
3 TL Koriander, gemahlen
2 TL Kreuzkümmel, gemahlen
2 TL Knoblauchpulver (Rezept siehe Seite 142)
3 TL Meersalz
2 TL Natron
1 TL schwarzer Pfeffer, gemahlen
wer es schärfer mag: 1 – 2 TL Pul Biber (siehe Seite 36)

✳ Alle Zutaten miteinander mischen und in einem dicht schließenden Glas aufbewahren. Vor Gebrauch das Glas gut schütteln.

.... **Tipp**

Kichererbsenmehl kann je nach Sorte sehr unterschiedliche Mengen an Wasser aufnehmen, deshalb gegebenenfalls beim Verwenden der Mischung noch etwas mehr Wasser zugeben. Die Konsistenz der angerührten Mischung sollte nicht zu fest, sondern eher breiig sein.

Verwenden

- Für zwei Portionen 200 g Falafel-Mix mit 250 ml lauwarmem Wasser mischen und 10 Minuten quellen lassen. 1 EL Olivenöl, 2 EL Zitronensaft und frisch gehackte Kräuter zugeben. Koriander und Petersilie sind hier die Klassiker, aber auch andere Kräuter schmecken dabei sehr gut. Mit einem Esslöffel den Teig portionsweise in heißes Öl geben, sodass kleine Küchlein entstehen, und von beiden Seiten ausbacken. Mit einer Joghurtsauce servieren.

Senf und Mayo

SENF

Senf selbst zu machen, ist gar kein Hexenwerk. Etwas Geduld braucht man schon, schließlich entwickelt der Senf erst nach einigen Tagen seinen endgültigen Geschmack. Aber dafür bekommt man auch ein ganz besonderes Würzmittel.

❖ Die folgenden Rezepte ergeben diese **Mengen:**
   etwa 300 g (Senf klassisch, Senf süß), etwa 400 g (Feigensenf)
❖ **Aufbewahrung:** im Kühlschrank, dicht verschlossen,
   haltbar mindestens 3 Monate (Senf klassisch, Senf süß),
   mindestens 1 Monat (Feigensenf)

SENF KLASSISCH

100 ml Wasser
60 ml Weißweinessig
50 g gelbes Senfmehl
50 g braunes Senfmehl
40 g Honig oder Roh-Rohrzucker
1 – 2 TL Meersalz

❖ Wasser und Essig zusammen kurz aufkochen. Die restlichen Zutaten mischen, mit der heißen Flüssigkeit übergießen und kurz quellen lassen. In der Küchenmaschine oder im Mixer 5 Minuten zu einer homogenen Masse verarbeiten. Die lange Rührzeit lohnt sich, der Senf wird damit so viel besser!

❖ Den Senf in saubere Gläser abfüllen und noch 1 Woche im Kühlschrank stehen lassen. Erst dann hat er seine anfängliche Schärfe verloren. Wenn der Senf zu dick geraten ist, einfach noch etwas Essig unterrühren.

FEIGENSENF

Feigensenf zu Käse ist eine Köstlichkeit. Probieren Sie ruhig auch einmal ganz unterschiedliche frische Früchte wie Birnen, Mirabellen oder Beeren. Kräuter und Gewürze machen sich in diesem Senf auch sehr gut. Sie werden sehr klein geschnitten oder gemahlen, damit sie später im Senf nicht stören. Erdbeersenf mit Basilikum – wie wär's?

150 g frische Feigen
80 ml Wasser
50 ml Weißweinessig
80 g Roh-Rohrzucker
30 g gelbes Senfpulver

* Die Feigen in kleine Würfel schneiden. Wasser, Essig und Zucker mischen und zum Kochen bringen. Die Feigenstückchen dazugeben und unter Rühren bei mittlerer Hitze 15 Minuten einkochen. Die Masse pürieren. Das Senfmehl dazugeben und gut glatt rühren.
* In saubere Schraubgläser füllen und noch 1 Woche im Kühlschrank stehen lassen. Der Senf entwickelt in dieser Zeit noch sein Aroma.

Tipp

Die körnige Variante des Fruchtsenfs wird mit 20 g Senfpulver und 10 g gelben Senfkörnern gemacht. Die Senfkörner in einer trockenen Pfanne rösten, bis sie anfangen zu springen. Im Mörser oder mit dem Pürierstab grob zermahlen.

SÜSSER SENF

Der klassische süße Senf ist grobkörnig, das heißt, wir verwenden außer Senfmehl noch grob gemahlene Senfkörner dafür.

60 g gelbe Senfkörner
20 g gelbes Senfmehl
100 ml Wasser
70 ml Weißweinessig
60 g Roh-Rohrzucker
1 Prise Meersalz
1 Prise Gewürznelken, gemahlen

❋ Die Senfkörner in einer trockenen Pfanne rösten, bis sie anfangen zu springen. Im Mörser oder mit dem Pürierstab grob zermahlen. Mit dem Senfpulver mischen.

❋ Wasser, Essig und Zucker mischen und zum Kochen bringen. Über die Senfmischung gießen. Mit Salz und Nelkenpulver würzen und alles gut verrühren. Die Mischung soll grobkörnig bleiben.

❋ In ein sauberes Schraubglas füllen und noch 1 Woche im Kühlschrank stehen lassen. Der Senf entwickelt in dieser Zeit noch sein Aroma.

.... **Tipp**

Die Grundrezepte für klassischen und süßen Senf können leicht abgewandelt werden: Kräuter, Knoblauch, Meerrettich, Gewürze … erlaubt ist, was gefällt. Die Haltbarkeit verringert sich, wenn frische Zutaten wie Kräuter eingearbeitet werden.

MAYONNAISE

Obwohl Mayonnaise aus nur wenigen haushaltsüblichen Zutaten besteht, scheuen sich viele davor, sie selbst zu machen. Aber gewusst wie, gelingt Mayonnaise in weniger als fünf Minuten. Die Kunst besteht darin, die Zutaten in der richtigen Temperatur zu haben: Die Eier Raumtemperatur, das Öl sollte mindestens eine Stunde im Kühlschrank gekühlt sein. Probieren Sie es aus und Sie werden nicht mehr zu gekaufter Mayonnaise greifen wollen! Mayonnaise und Joghurtmayonnaise sollten noch am selben Tag verzehrt werden. Durch das enthaltene rohe Ei können sie schnell verderben.

❖ Die folgenden Rezepte ergeben diese **Mengen:** etwa 500 ml pro Mischung
❖ **Aufbewahrung:** im Kühlschrank, dicht verschlossen, am selben Tag verzehren

KLASSISCHE MAYONNAISE

2 Eigelb
2 EL kaltes Wasser
2 EL Zitronensaft
1 TL Senf (Rezepte siehe ab Seite 127)
Meersalz
375 ml geschmacksneutrales Pflanzenöl (zum Beispiel Rapsöl)

❖ Die Eigelbe, das Wasser, den Zitronensaft, Senf und ½ TL Salz im Mixer zu einer homogenen Masse verarbeiten. Das Öl sehr langsam bei laufendem Messer zugeben. Das sollte etwa 30 Sekunden dauern. Nun müsste eine cremige Mayonnaise entstanden sein. Mit Salz abschmecken.
❖ Wer keinen Mixer besitzt, kann die Mayonnaise auch von Hand zubereiten. Das dauert etwas länger, ist aber vom Prinzip her gleich.

JOGHURTMAYONNAISE

150 ml geschmacksneutrales Pflanzenöl (zum Beispiel Rapsöl)
1 Ei
2 EL Zitronensaft
1 TL Senf (Rezepte siehe ab Seite 127)
150 g griechischer Joghurt
Meersalz
schwarzer Pfeffer, gemahlen

* Öl, Ei, Zitronensaft und Senf im Mixer gut mischen.
* Dann den Joghurt untermixen. Mit Salz und Pfeffer abschmecken.

MAYONNAISE OHNE EI

Eine Mayonnaise ohne Ei, die aber dem Original ziemlich nahe kommt.

125 g Seidentofu
1 EL Zitronensaft
1 EL Senf (Rezepte siehe ab Seite 127)
250 ml geschmacksneutrales Pflanzenöl (zum Beispiel Rapsöl)
Meersalz
schwarzer Pfeffer, gemahlen

* Tofu, Zitronensaft und Senf im Mixer glatt rühren. Das Öl sehr langsam dazulaufen lassen, dabei weitermixen. Mit Salz und Pfeffer abschmecken.

-------- Varianten

Für Aioli bei der klassischen Variante vor dem Mixen noch 2 geschälte und gepresste Zehen Knoblauch zugeben und als Öl zur Hälfte Olivenöl nehmen. Für würzige Mayonnaise können Sie zur fertig gemixten Mayonnaise Gewürze wie Currypulver, Sambal Oelek oder frische Kräuter geben.

Ketchup

Dieser Ketchup kommt der Kaufversion geschmacklich sehr nahe. Damit ist er vor allem für Kinder als »Einsteigerversion« gut geeignet. Auf lange Sicht können Sie nach und nach die Honigmenge reduzieren. So wandelt sich die Einsteigerversion vielleicht zur absoluten Lieblingsversion.

❖ Die folgenden Rezepte ergeben diese **Mengen:** etwa 750 ml (Grundrezept), etwa 250 ml (Curryketchup, Gewürzketchup, Ketchup mit geröstetem Knoblauch)
❖ **Aufbewahrung** (frisch): im Kühlschrank, dicht verschlossen, haltbar mindestens 1 Woche
❖ **Aufbewahrung** (sterilisiert): kühl und dunkel, dicht verschlossen, haltbar mindestens 3 Monate, angebrochene Gläser im Kühlschrank lagern

Grundrezept Ketchup

1 Zwiebel
1 Zehe Knoblauch
etwas Pflanzenöl (zum Beispiel Rapsöl)
    oder Ghee (Rezept siehe Seite 169) zum Braten
500 g passierte Tomaten (siehe Tipp Seite 137)
140 g Tomatenmark
1 EL Honig
1 TL Meersalz
1 TL schwarzer Pfeffer, gemahlen
½ TL Ingwerpulver

✳ Zwiebel und Knoblauch schälen. Die Zwiebel fein schneiden, den Knoblauch pressen und beides in etwas Öl sautieren. Die restlichen Zutaten dazugeben und unter Rühren 5 Minuten köcheln lassen. Im Mixer pürieren. In saubere Gläser füllen und dicht verschließen. Wer den Ketchup auf Vorrat machen will, kann ihn kurz aufkochen, in sterilisierte Gläser füllen und einkochen (siehe Seite 12).

Curryketchup

1 TL Wasser
1 TL Honig
2 EL Currypulver
1 EL Paprikapulver edelsüß
    oder – wenn der Ketchup pikanter sein soll – rosenscharf
1 TL Chilipulver
250 ml Ketchup nach dem Grundrezept (siehe Seite 135)

❋ Wasser, Honig und Gewürze gut miteinander vermischen und unter den noch heißen oder kalten Ketchup rühren. Einige Stunden ziehen lassen. Soll der Curryketchup länger haltbar sein, noch einmal kurz aufkochen, in eine saubere Flasche füllen und verschließen.

Gewürzketchup

250 ml Ketchup nach dem Grundrezept (siehe Seite 135)
½ TL Piment, gemahlen
½ TL Gewürznelken, gemahlen
½ TL Zimtpulver

❋ Alle Zutaten miteinander mischen. Soll der Gewürzketchup länger haltbar sein, noch einmal kurz aufkochen, in eine saubere Flasche füllen und verschließen.

KETCHUP MIT GERÖSTETEM KNOBLAUCH

Gerösteter Knoblauch ist sehr mild und harmonisch im Geschmack.
Und die gefürchtete Knoblauchfahne tritt mit ihm auch nicht auf.

1 Knolle Knoblauch (keine Zehe!)
etwas Pflanzenöl zum Backen
250 ml Ketchup nach dem Grundrezept (siehe Seite 135)

* Die Oberseite der Knoblauchknolle abschneiden. Die Knolle in ein ofenfestes Förmchen legen und mit etwas Öl beträufeln. Im vorgeheizten Backofen bei 120 °C (Umluft) 20 Minuten backen, bis die Knolle außen gebräunt ist und die Knoblauchzehen weich sind. Etwas auskühlen lassen und die Knoblauchzehen vorsichtig herausdrücken.
* Den Knoblauch mit einer Gabel zu sehr feinem Mus zerdrücken und unter den (nicht mehr heißen) Ketchup rühren. Soll der Knoblauchketchup länger haltbar sein, noch einmal kurz aufkochen, in eine saubere Flasche füllen und verschließen.

Tipp

Wer in der glücklichen Lage ist, ein Übermaß an Tomaten im Garten zu haben, kann die passierten Tomaten für das Ketchup-Grundrezept aus frischen Tomaten selbst machen: Tomaten in kleine Stücke schneiden, in einem Topf unter Rühren 10 Minuten kochen und dann durch ein Sieb passieren. Ansonsten gelingt der Ketchup auch einfach mit gekauften passierten Tomaten.

POMMES-GEWÜRZ

Pommes sind unser liebstes Fast Food. Aus der Fritteuse oder im Backofen gebacken, lieben nicht nur Kinder die leckeren Kartoffelstäbchen. Mit dem Pommes-Gewürz werden sie noch eine Spur leckerer!

❖ Das folgende Rezept ergibt diese **Menge:** etwa 250 ml / 180 g
❖ **Aufbewahrung:** trocken und dunkel, dicht verschlossen, haltbar mindestens 6 Monate

5 EL Röstzwiebeln (Rezept siehe Seite 141)
100 g Meersalz
2 EL Paprikapulver edelsüß
1 EL Zwiebelpulver (Rezept siehe Seite 142)
1 TL Currypulver
1 TL Kreuzkümmel, gemahlen
1 TL schwarzer Pfeffer, gemahlen

❋ Die Röstzwiebeln mit dem Pürierstab möglichst fein zerkleinern. Mit dem Salz und den Gewürzen mischen. In einem gut schließenden Glas aufbewahren.

.... **Tipp**

Noch einmal ganz anders schmeckt das Pommes-Gewürz, wenn statt des edelsüßen Paprikapulvers geräuchertes Paprikapulver verwendet wird. Geräuchertes Paprikapulver kommt aus der spanischen Küche und wird auch »Smoked Paprika« genannt. Man bekommt es in der milderen Form als »Pimentón de la Vera dulce« oder scharf als »Pimentón de la Vera picante«.

....

Verwenden

- Versuchen Sie neben der klassischen Kartoffelvariante auch einmal Pommes aus Süßkartoffeln. Dafür die Süßkartoffeln schälen und in Pommes-Stifte schneiden. 2–3 Stunden wässern, dann gut abtrocknen lassen. In der Fritteuse oder in einem hohen Topf frittieren, dann würzen mit Pommes-Gewürz.

- Wer die Süßkartoffeln lieber im Ofen gart und trotzdem nicht auf knusprige Sticks verzichten möchte, kann zu einem Trick greifen: Die gewässerten und abgetrockneten Sticks aus 1 großen Süßkartoffel (oder 2 kleinen) mit 1–2 EL Speisestärke in eine Schüssel mit Deckel geben. Deckel auflegen und schütteln, bis alle Sticks mit Stärke bedeckt sind. 1 Eiweiß steif schlagen, zu den Sticks geben und unterheben. Die Pommes auf einem mit Backpapier belegten Backblech im vorgeheizten Ofen bei 220 °C (Umluft) 30 Minuten backen, nach der Hälfte der Zeit wenden. Nach dem Backen mit Pommes-Gewürz würzen.

RÖSTZWIEBELN

Röstzwiebeln sind schon lecker für sich, zum Knabbern oder als Zugabe zu Kartoffelpüree oder herzhaftem Käsebrot. Ich verwende sie auch gerne als Zutat für andere Mischungen, zum Beispiel für den Bratnudel-Mix (Rezept siehe Seite 60).

❖ Die folgenden Rezepte ergeben diese **Mengen:**
   etwa 250 g (Röstzwiebeln), etwa 100 g (Zwiebelpulver), 80 – 100 g (Knoblauchpulver)
❖ **Aufbewahrung:** kühl und trocken, dicht verschlossen,
   haltbar 4 – 6 Wochen (Röstzwiebeln), mindestens 1 Jahr (Zwiebelpulver, Knoblauchpulver)

etwa 250 g Zwiebeln
   (etwa 1 große Gemüsezwiebel oder 3 – 4 kleine Zwiebeln)
3 EL Mehl
1 – 2 EL Roh-Rohrpuderzucker
1 EL Paprikapulver edelsüß
Pflanzenöl oder Ghee (Rezept siehe Seite 169) zum Ausbacken

❉ Die Zwiebeln schälen und in etwa 3 mm dicke Scheiben schneiden. Das geht am besten mit einem Gemüsehobel, aber natürlich auch mit einem Messer. Mehl, Puderzucker und Paprikapulver in einer Schüssel mit Deckel gut mischen, die Zwiebeln dazugeben, Deckel auflegen und die Schüssel so lange schütteln, bis die Zwiebelringe gleichmäßig mit der Mehlmischung paniert sind.

❉ Die Zwiebelringe in reichlich Fett portionsweise ausbacken, bis sie schön tabakbraun sind. Achtung: Nicht zu dunkel werden lassen, sonst werden sie bitter! Gut abtropfen lassen.

❉ Im Dörrautomaten trocknen lassen (oder im Backofen bei 60 °C, Umluft, leicht geöffnete Tür, etwa 150 Minuten).

ZWIEBELPULVER

Zwiebelpulver und Knoblauchpulver werden sehr häufig für Gewürzmischungen eingesetzt. Sie sind ohne allzu großen Aufwand selbst hergestellt, lässt man die Schnippelei mal außer Acht.

4 mittelgroße Zwiebeln

* Die Zwiebeln schälen und in möglichst dünne Scheiben hobeln. Im Dörrautomaten trocknen (oder im Backofen bei 50 °C, Umluft, leicht geöffnete Tür, etwa 5 Stunden). Dabei darauf achten, dass die Zwiebelringe nicht übereinanderliegen.
* Die vollständig getrockneten Zwiebeln im Mörser oder mit dem Pürierstab zu feinem Pulver zerkleinern und in einem dicht schließenden Glas aufbewahren.

KNOBLAUCHPULVER

4 Knollen(!) Knoblauch

* Knoblauch in Zehen teilen, die Zehen schälen und in möglichst dünne Scheiben schneiden. Im Dörrautomaten trocknen (oder im Backofen bei 50 °C, Umluft, leicht geöffnete Tür, etwa 5 Stunden). Dabei darauf achten, dass die Knoblauchscheiben nicht übereinanderliegen.
* Den vollständig getrockneten Knoblauch im Mörser oder mit dem Pürierstab zu feinem Pulver zerkleinern und in einem dicht schließenden Glas aufbewahren.

KARTOFFELECKEN-WÜRZMISCHUNG

Mit der Würzmischung für Kartoffelecken oder auch Wedges ist in fünf Minuten ein Essen zubereitet, den Rest übernimmt der Backofen. Auch als Beilage sind die Kartoffelecken superlecker!

❖ Die folgenden Rezepte ergeben diese **Mengen:** etwa 300 ml / 200 g pro Mischung
❖ **Aufbewahrung:** trocken und dunkel, dicht verschlossen, haltbar mindestens 6 Monate

WÜRZMISCHUNG CAJUN-KARTOFFELN

Diese Mischung ist ziemlich feurig. Wer das nicht so mag, kann die Menge an Cayennepfeffer und geräuchertem Paprikapulver reduzieren. Wie Sie die Mischung verwenden, steht auf der folgenden Seite.

100 g Hartweizengrieß
50 g Meersalz
10 g getrockneter Thymian
10 g getrockneter Oregano
5 g Paprikapulver edelsüß
5 g geräuchertes Paprikapulver (siehe Seite 138)
    oder Pul Biber (siehe Seite 36)
5 g Cayennepfeffer
5 g schwarzer Pfeffer, gemahlen
5 g Zwiebelpulver (Rezept siehe Seite 142)
5 g Knoblauchpulver (Rezept siehe Seite 142)

❉ Alles gut mischen und in einem dicht schließenden Glas aufbewahren.

WÜRZMISCHUNG ROSMARINKARTOFFELN

20 g getrockneter Rosmarin
100 g Hartweizengrieß
50 g Meersalz
10 g Paprikapulver edelsüß
5 g Koriander, gemahlen
5 g Zwiebelpulver (Rezept siehe Seite 142)
5 g Knoblauchpulver (Rezept siehe Seite 142)

❋ Falls nötig, den Rosmarin mit einem Messer etwas zerkleinern. Dann alles gut mischen und in einem dicht schließenden Glas aufbewahren.

Verwenden

● Kartoffeln mit Schale gut waschen, bürsten und wieder abtrocknen. In Viertel oder Achtel schneiden und in eine große Schüssel geben. Pro 750 g Kartoffeln 3 EL Pflanzenöl (zum Beispiel Rapsöl) dazugeben und gut durchmischen. 4 EL Kartoffelecken-Würzmischung dazugeben und nochmals mischen, bis alle Stücke gut von der Würze bedeckt sind.

● Ein Backblech mit Backpapier belegen und die Kartoffelecken darauf verteilen. Sie sollen nicht übereinanderliegen. Im vorgeheizten Backofen bei 200 °C (Umluft) 30 – 40 Minuten backen. Die Kartoffelecken als Beilage oder als Hauptgericht mit Sour Cream oder einem anderen Dip servieren.

Tipp

Das Vorratsglas mit der Würzmischung vor dem Entnehmen immer gut schütteln, damit alle Bestandteile wieder gleichmäßig vermischt sind.

BROT UND
BUTTER

NAAN-BACKMISCHUNG

Naan ist ein Brot vor allem aus der indischen Küche. Es schmeckt gut als Beilage zu Currys und Gemüsegerichten, kann aber auch wie ein weiches Fladenbrot zu Dips und Aufstrichen gereicht werden.

❖ Das folgende Rezept ergibt diese **Menge:**
   etwa 550 g Backmischung / fertig gebacken: 10 Fladenbrote von jeweils etwa 90 g
❖ **Aufbewahrung:** trocken und dunkel, dicht verschlossen, haltbar mindestens 6 Monate

500 g Mehl
1 Päckchen Trockenhefe
2 EL Roh-Rohrzucker
2 TL Meersalz
1 TL Weinstein-Backpulver

❖ Alles gut mischen und in einem dicht schließenden Glas aufbewahren.

Verwenden

● 200 ml lauwarmes Wasser, 150 g Joghurt und 1 Ei miteinander verquirlen. Die Backmischung dazugeben und zu einem glatten Teig verarbeiten. 1 Stunde an einem warmen Ort gehen lassen. Den Teig in zehn gleich große Stücke teilen und jedes Teil zu einem möglichst dünnen Fladen ausrollen. Eine Pfanne erhitzen und jeden Fladen in der trockenen Pfanne bei mittlerer Hitze von beiden Seiten backen, bis er Blasen wirft.

● Den fertigen Fladen mit geschmolzener Butter oder geschmolzenem Ghee (Rezept siehe Seite 169) bestreichen und warm halten. Wer es herzhafter mag, kann die geschmolzene Butter noch mit gepresstem Knoblauch »parfümieren«.

KNÄCKEBROT-MISCHUNG

Mit dieser Mischung können Sie ohne großen Aufwand und schnell ein leckeres Knäckebrot zubereiten. Wir essen es gerne zum Abendbrot mit Käse, Dips oder Tomatenbutter (Rezept siehe Seite 157), vor allem wenn es noch leicht warm ist. Reste bleiben so gut wie nie übrig, können aber gut verpackt noch am nächsten Tag gegessen werden.

❖ Das folgende Rezept ergibt diese **Menge:**
  2 kg Backmischung / fertig gebacken: 10 Backbleche Knäckebrot
❖ **Aufbewahrung:** trocken und dunkel, dicht verschlossen, haltbar mindestens 1 Jahr

500 g Mehl
500 g Haferflocken
1000 g Körner und Samen, gemischt
  (Sonnenblumenkerne, Sesam, Mohn, Leinsamen, Kürbiskerne …)

✳ Die Zutaten mischen und in einem gut schließenden und ausreichend großen Glas aufbewahren. Die Körner setzen sich leicht unten ab, deshalb das Glas vor dem Entnehmen gut schütteln.

Verwenden

- Backofen auf 180 °C (Umluft) vorheizen. Für ein Backblech 200 g der Mischung mit 1 TL Meersalz, 1 EL Pflanzenöl und 250 ml Wasser gut verrühren. Die Masse wird leicht dünnflüssig, das ist aber in Ordnung.
- Ein Backblech mit Backpapier belegen und die Masse darauf verteilen. 15 Minuten backen, dann herausnehmen und in Rechtecke schneiden. Nicht vergessen, das Knäckebrot lässt sich später nicht mehr gut zerteilen!
- Nochmals etwa 30 Minuten backen, bis das Knäckebrot anfängt, Farbe anzunehmen. Herausnehmen, in die vorgeschnittenen Rechtecke brechen und etwas abkühlen lassen. So frisch schmeckt es am besten!

BROTBACKMISCHUNGEN

Wenn überraschend Gäste zum Abendbrot kommen oder sonntags gar nichts mehr im Brotkasten ist, dann ist es schön, wenn man ganz schnell eine Brotbackmischung zur Hand hat. Die Backmischungen, die ich hier vorstelle, sind schnell gemacht und unkompliziert, nichts mit Vorteig und Sauerteig ansetzen oder stundenlangen Gehzeiten.

Wenn Sie gleich größere Mengen der Backmischungen auf Vorrat bereiten wollen, gönnen Sie jeder Portion ein eigenes Glas. So vermeidet man, dass sich im einen Teig zu wenig Hefe befindet und ein harter Fladen entsteht und beim nächsten Teig ein Superaufgehbrot herauskommt. Sicher ist sicher ...

Das Brot gleich nach dem Backen aus der Form auf ein Kuchengitter stürzen, Klopfprobe machen. Dafür mit dem Fingerknöchel auf die Unterseite des Brotes klopfen. Klingt es hohl, ist das Brot fertig. Auch ein Brot, was innen vielleicht noch nicht ganz durch ist, kann man aus der Backform stürzen und klopfen. Wenn es noch nicht hohl klingt, einfach wieder in die Backform geben und noch 5 – 10 Minuten backen. Mit einem Geschirrhandtuch abdecken und abkühlen lassen.

❖ Die folgenden Rezepte ergeben diese **Mengen:**
   • als Backmischung: etwa 650 g (Dinkel-Buchweizen-Brot, Cranberry-Nuss-Brot), etwa 350 g (Ciabatta mit getrockneten Tomaten)
   • fertig gebacken: etwa 1 kg (Dinkel-Buchweizen-Brot, Cranberry-Nuss-Brot), etwa 500 g (Ciabatta mit getrockneten Tomaten)
❖ **Aufbewahrung:** trocken und dunkel, dicht verschlossen, haltbar mindestens 6 Monate (Dinkel-Buchweizen-Brot), mindestens 3 Monate (Cranberry-Nuss-Brot, Ciabatta mit getrockneten Tomaten)

DINKEL-BUCHWEIZEN-BROT

200 g Dinkelvollkornmehl
200 g Dinkelmehl (Type 630)
100 g Buchweizen, gemahlen
100 g Körner und Samen, gemischt
(Sesam, Leinsamen, Kürbiskerne, Sonnenblumenkerne ...)
50 g Mohn
1 Päckchen Trockenhefe
2 TL Meersalz

✳ Alles gut mischen und in einem gut schließenden Glas aufbewahren.

Verwenden

● Backofen auf 200 °C (Umluft) vorheizen. Ein mit Wasser gefülltes hitzebeständiges Gefäß auf den Backofenboden stellen. Eine Kastenbackform (Länge 30 cm) ausfetten, zum Beispiel mit selbst gemachtem Backtrennmittel (siehe unten). Die Backmischung mit 500 ml lauwarmem Wasser verkneten und in die Backform füllen. Direkt in den vorgeheizten Backofen auf den Rost stellen und 1 Stunde backen.

Backtrennmittel selbst gemacht

Mit diesem Backtrennmittel können Sie sich das Einfetten von Backformen und Backblechen angenehmer machen. Zum Ausfetten einer Form entnimmt man einen gehäuften Teelöffel Backtrennmittel und lässt es kurz bei Zimmertemperatur weich werden. Dann lässt es sich leicht mit einem Pinsel in der Form oder auf dem Blech verteilen. Es eignet sich auch gut für Auflaufformen oder Waffeleisen.

Für etwa 300 g Backtrennmittel 100 g natives Kokosöl, 100 g Mehl und 100 ml Pflanzenöl (zum Beispiel Rapsöl) zu einer Creme verrühren. Das Kokosöl muss sehr weich sein, damit es sich gut mit den beiden anderen Zutaten mischt. Nehmen Sie es gegebenenfalls rechtzeitig aus dem Kühlschrank! Die Creme in einem dicht schließenden Schraubglas im Kühlschrank aufbewahren. So ist sie mindestens 6 Monate haltbar.

CIABATTA MIT GETROCKNETEN TOMATEN

Bei diesem Brot haben wir doch ein bisschen Gehzeit, aber das Ergebnis ist so lecker, dass man das gerne in Kauf nimmt. »Ciabatta« ist italienisch und bedeutet »Pantoffel«. Formen Sie die Teigrolle etwas breiter und flacher, etwa wie ein längliches Kissen, dann kommt das dem Original schon sehr nahe.

6 getrocknete Tomaten
150 g Dinkelvollkornmehl
150 g Dinkelmehl (Type 630)
1 Päckchen Trockenhefe
1 EL Roh-Rohrzucker
1 TL Meersalz

❋ Die Tomaten klein schneiden. Alle Zutaten miteinander mischen und in einem dicht schließenden Glas aufbewahren.

Verwenden

● Die Backmischung mit 150 ml Wasser und 2 EL Pflanzenöl sehr gründlich zu einem glatten Teig verkneten. Zugedeckt 45 Minuten gehen lassen. Den Teig auf einer bemehlten Fläche zu einer abgeflachten Rolle formen und dünn mit Mehl bestäuben. Ein Backblech mit Backpapier belegen oder fetten, zum Beispiel mit dem Backtrennmittel von nebenstehender Seite. Den Teig auf das Blech setzen und noch einmal 15 Minuten gehen lassen. Den Backofen auf 200 °C (Umluft) vorheizen und das Brot etwa 20 Minuten backen.

CRANBERRY-NUSS-BROT

Dieses Brot ist mein Lieblingsbrot. Ich fand es auf dem Blog von Madame Rote Rübe und seither wird es regelmäßig bei uns gebacken.

500 g Vollkornmehl (zum Beispiel Weizen oder Dinkel)
80 g Walnüsse, gehackt
50 g getrocknete Cranberrys
1 Päckchen Trockenhefe
1 TL Roh-Rohrzucker
1 TL Meersalz

❋ Alles gut mischen und in einem gut schließenden Glas aufbewahren.

Verwenden

- Backofen auf 200 °C (Umluft) vorheizen. Ein mit Wasser gefülltes hitzebeständiges Gefäß auf den Backofenboden stellen. Eine Kastenbackform (Länge 30 cm) ausfetten, zum Beispiel mit dem Backtrennmittel von Seite 152. Die Backmischung mit 400 ml lauwarmem Wasser und 1 EL Weinessig verkneten und in die Backform füllen.
- Direkt in den vorgeheizten Ofen auf den Rost stellen und 20 Minuten bei 200 °C backen. Auf 175 °C zurückschalten und noch 30 Minuten weiterbacken.

WAFFEL-MIX

Waffeln sind für mich der Inbegriff von Gemütlichkeit. Man sitzt beisammen, backt eine Waffel nach der anderen und hat es schön. Dabei ist es egal, ob es die Waffeln zum Frühstück, Mittagessen, Nachmittagskaffee oder auch beim Camping gibt.

❖ Das folgende Rezept ergibt diese **Menge:** etwa 1,2 kg
❖ **Aufbewahrung:** trocken und dunkel, dicht verschlossen, haltbar mindestens 6 Monate

1 kg Mehl
75 g Roh-Rohrzucker
7 EL Weinstein-Backpulver
2 EL Meersalz

❖ Alle Zutaten gut mischen.
❖ In einem dicht schließenden Glas aufbewahren.

Verwenden

- Pro 200 g Waffel-Mix (oder 1 ½ Tassen, das lässt sich leichter abmessen) 300 ml Milch und 2 EL Pflanzenöl mit 1 Ei gut verquirlen. Den Waffel-Mix dazugeben und zu einem glatten Teig rühren. Wer mag, kann noch 1 TL Vanille-Extrakt (Rezept siehe Seite 96) oder Zimtpulver unterrühren.
- Im heißen Waffeleisen aus dem Teig Waffeln ausbacken und mit Obst, Kompott oder Vanillesauce (Rezept siehe Seite 92) servieren.

BUTTERMISCHUNGEN

Sowohl optisch als auch kulinarisch lohnt es sich, Buttermischungen selbst herzustellen. Gerade auch, weil der Aufwand ganz gering ist. Wer sich rein pflanzlich ernährt, nimmt statt Butter eine hochwertige Margarine.

Butter wird aus nur einer Zutat hergestellt: Sahne. Wahrscheinlich hat fast jeder schon mal beim Sahneschlagen versehentlich Butter herausbekommen. Und genau das ist auch das Prinzip. Zimmertemperierte Sahne wird so lange mit einem Rührgerät oder einem Schneebesen aufgeschlagen, bis sich die Fettmoleküle von der Wasserphase trennen, zu Klumpen verbinden und Butter und Buttermilch daraus wird. Die Butter drei- bis viermal in kaltem Wasser ausspülen, fertig. Die Buttermilch trinken, sie schmeckt köstlich.

❖ Die folgenden Rezepte ergeben diese **Mengen:** 150 – 200 g pro Mischung
❖ **Aufbewahrung:** im Kühlschrank, verpackt, haltbar 1 – 2 Wochen
im Gefriergerät, verpackt, haltbar 3 Monate

Butter mischen

❋ Nehmen Sie die Butter rechtzeitig aus dem Kühlschrank, damit sie schön weich werden kann. Die anderen Zutaten gegebenenfalls klein schneiden und mit der weichen Butter mischen.

❋ Die fertige Butter in hübsche Töpfchen füllen oder in Butterbrotpapier zu einer Rolle formen und im Kühlschrank wieder fest werden lassen.

TOMATENBUTTER

125 g weiche Butter
1 Handvoll frisches Basilikum
2 EL Tomatenmark
1 TL Zitronensaft
1 TL Paprikapulver
¼ TL Meersalz
1 Prise Roh-Rohrzucker

KRÄUTERBUTTER

125 g weiche Butter
etwa 1 Bund frische Kräuter, gemischt
nach Belieben 1 Zehe Knoblauch
1 TL Zitronensaft
¼ TL Meersalz

KÜRBISBUTTER

Für das Kürbispüree ein Stück Kürbis im Backofen garen. Etwas abkühlen lassen und zermusen. In ein Mulltuch oder sauberes Handtuch geben und möglichst viel Flüssigkeit herausdrücken.

125 g weiche Butter
50 g Kürbispüree
1 – 2 TL Honig
1 TL Pumpkin Spice (Rezept siehe Seite 43)

HIMBEERBUTTER

Wer die Himbeeren gerne etwas stückiger in der Butter haben möchte, legt sie vorher 1 Stunde in das Gefriergerät.

125 g weiche Butter
50 g Himbeeren
1 EL Honig
nach Belieben frische Zitronenmelisse

Jalapeño-Limetten-Butter

125 g weiche Butter
1 frische Jalapeño
1 EL frische Petersilie
1 EL Limettensaft
½ TL Meersalz
¼ TL schwarzer Pfeffer, gemahlen

Thai-Curry-Butter

125 g weiche Butter
nach Belieben frischer Koriander
2 EL Thai Curry Paste (Rezept siehe Seite 174)
¼ TL Meersalz

Orangen-Schokoladen-Butter

125 g weiche Butter
abgeriebene Schale von 1 Bio-Orange (siehe auch Seite 101)
2 EL Kakaopulver
1 EL Honig
1 MSP Meersalz

Zimt-Vanille-Butter

125 g weiche Butter
1 EL Honig
nach Belieben 1 EL Krokant (Rezept siehe Seite 109)
1 TL Zimtpulver
1 MSP Vanillepulver (Rezept siehe Seite 100)

Sonnenblumenkern-Aufstrich

Dieser Aufstrich ist die Basis für unendlich viele Aufstriche in allen möglichen Geschmacks-richtungen. Experimentieren Sie mit frischen Kräutern, Gewürzen, Zwiebeln, Knoblauch, rohem oder gegartem Obst und Gemüse, Tomatenmark oder getrockneten Tomaten, Oliven, Peperoni und was Ihre Küche und Ihr Kühlschrank sonst noch so hergeben. Auch Reste können dafür sehr gut verwendet werden, beispielsweise das Grillgemüse vom Vortag. Diese Zutaten werden entweder mitgemixt oder, wenn sie stückig bleiben sollen, klein geschnitten und untergerührt. Wer eine etwas größere Menge herstellen möchte, kann den Aufstrich unter Rühren erhitzen und heiß in sehr saubere Twist-off-Gläser füllen. Im Kühlschrank ist er so mehrere Wochen haltbar.

Sonnenblumenkerne enthalten reichlich ungesättigte Fettsäuren. Die hohen Gehalte an Mineralstoffen, wie Magnesium, Eisen, Zink, Kupfer und Mangan, sowie an Vitamin E, Vitamin B_1 und Biotin machen sie zu einem wertvollen Lebensmittel.

❖ Das folgende Rezept ergibt diese **Menge:** etwa 150 g
❖ **Aufbewahrung:** im Kühlschrank, verpackt, haltbar 4 – 5 Tage

100 g Sonnenblumenkerne
Wasser zum Einweichen der Sonnenblumenkerne
2 EL geschmacksneutrales Pflanzenöl
2 EL Zitronensaft
½ TL Meersalz

✳ Die Sonnenblumenkerne über Nacht in Wasser einweichen. Wer es eilig hat, kann die Kerne auch in reichlich Wasser 15 Minuten köcheln lassen. Wasser abgießen und die Kerne gut abtropfen lassen.

＊ Im Mixer so lange mixen, bis eine cremige Masse entsteht. Dabei immer wieder die am Rand klebende Masse nach unten schieben. Dieser Mixvorgang kann schon mal einige Minuten dauern. Öl, Zitronensaft und Salz dazugeben und noch einmal mixen, bis eine homogene Masse entstanden ist.

PASTE UND
SAUCE

MANDELMUS

Mandelmus ist eine Köstlichkeit auf Brot oder Brötchen, lecker in Smoothies, Desserts oder statt Butter und Öl eine prima Zutat beim Backen. Probieren Sie auch andere Nüsse und Kerne wie Cashewnüsse, Erdnüsse oder Haselnüsse aus. Jedes Mus ist einzigartig!

Zur Herstellung von Mandelmus ist ein leistungsfähiger Mixer eine Grundvoraussetzung, ein einfacher Mixer oder ein Pürierstab bringen nicht die nötige Kraft auf, die Mandeln zu vermusen.

Beim Mus hat man die Qual der Wahl: die etwas herzhaftere Variante aus ungehäuteten, in der Pfanne gerösteten Mandeln oder die feinere aus gehäuteten Mandeln. Wer mag, kann die Mandeln direkt vor dem Mixen etwa 15 Minuten bei 100 °C (Umluft) in den Backofen geben, so tritt das Öl beim Mixen leichter aus.

❖ Das folgende Rezept ergibt diese **Menge:** etwa 200 g
❖ **Aufbewahrung:** im Kühlschrank, dicht verschlossen, haltbar mindestens 6 Monate

200 g Mandeln
eventuell 1 EL Pflanzenöl (zum Beispiel Rapsöl)

✳ Die Mandeln im Mixer auf höchster Stufe mahlen, bis aus dem Mandelmehl ein Mus wird. Das kann einige Zeit dauern, manchmal bis zu einer halben Stunde. Deshalb immer mal eine kleine Pause einlegen, um sowohl den Mixer als auch das Mandelmus nicht zu überhitzen. Wer mag, kann noch 1 EL Öl zugeben, um das Mus streichfähiger zu machen. Das fertige Mandelmus kann noch mit Honig oder Gewürzen wie einer Prise Meersalz, Vanille oder Zimt verfeinert werden.
✳ Das Mandelmus kann in einem Schraubglas im Kühlschrank mehrere Wochen aufbewahrt werden. Mit der Zeit setzt sich oben etwas Öl ab. Es dient zusätzlich der Konservierung. Bei Gebrauch einfach das Öl wieder unterrühren.

TAHIN

Tahin ist eine Paste aus Sesam, bekannt vor allem als Zutat für Hummus (Rezept siehe Seite 178), Wraps oder Dips. Es kann mit oder ohne Salz zubereitet werden. Gesalzen eignet es sich gut als Würze und zum Eindicken von herzhaften Saucen und Eintöpfen. Ungesalzenes Tahin schmeckt gut in Müslis oder Smoothies.

Tahin lässt sich sehr einfach aus nur zwei oder drei Zutaten selbst herstellen, und das Gute daran ist, dass man über die Auswahl der Zutaten auch den Geschmack deutlich beeinflussen kann.

Verwendet man ungeschälten Sesam, wird das Tahin kräftiger und leicht bitter. Wer das Bittere nicht mag, verwendet stattdessen geschälten Sesam. Milder schmeckt das Tahin auch, wenn man statt des traditionellen Sesamöls ein neutrales Pflanzenöl nimmt, zum Beispiel Rapsöl. Auch die Dauer des Röstens ist wichtig: Je dunkler die Saaten in der Pfanne werden, desto intensiver wird der Geschmack. Steht das Tahin einige Zeit, setzt sich an der Oberfläche Öl ab. Das ist normal und dient auch der Konservierung. Einfach vor Gebrauch mit einem sauberen Löffel gut umrühren.

❖ Das folgende Rezept ergibt diese **Menge:** etwa 300 g
❖ **Aufbewahrung:** im Kühlschrank, dicht verschlossen, haltbar mindestens 6 Monate

250 g Sesam
50–60 ml (Sesam-)Öl
Meersalz nach Belieben

✳ Sesam in einer trockenen Pfanne unter Rühren leicht anrösten, bis er goldbraun ist. Achtung, nicht verbrennen lassen! Auf einem Teller abkühlen lassen. Mit dem Öl im Mixer oder mit dem Pürierstab zu einer feinen Paste pürieren. Eventuell noch etwas Öl zugeben, bis die gewünschte Konsistenz erreicht ist. Auf Wunsch Salz unterrühren.

Sesam

Sesamsaat ist reich an gesunden Vitalstoffen, wie Magnesium, Eisen und B-Vitaminen. Erwähnenswert ist vor allem der hohe Calciumgehalt. Als Osteoporose-Prophylaxe oder bei Laktoseintoleranz ist Sesam eine gute Calciumquelle. Die Farbpalette der Sesamsaat reicht von Goldgelb und Hellbraun bis Schwarz. Der schwarze Sesam gilt dabei als ursprünglicher, nähstoffreicher, aromatischer und laut der ayurvedischen Medizin als wertvoller als die helleren Sorten. Probieren Sie selbst aus, welche Variante Ihnen am besten schmeckt!

GHEE

Ghee, eine Sorte Butterschmalz, ist vor allem aus der indischen Küche bekannt. Es wird aus Butter hergestellt, indem man durch Kochen Wasser, Eiweiß und Milchzucker entfernt. Übrig bleibt das reine Butterfett. Es eignet sich hervorragend vor allem zum Braten und Frittieren, weil es höher erhitzt werden kann als Butter, ist aber auch sonst überall in der Küche gut einsetzbar.

Selbst gemachtes Ghee ist eine Köstlichkeit. Ich nehme immer 500 g Butter, davon bekomme ich etwa 350 ml Butterschmalz. Das fertige Ghee muss nicht unbedingt im Kühlschrank aufbewahrt werden, allerdings sollte man immer mit einem sauberen Löffel hineingehen. Dann hält es sich monatelang. Nach der ayurvedischen Lehre wirkt Ghee verjüngend und zellregenerierend, verdauungsfördernd, kurbelt den Stoffwechsel an und steigert die Abwehrkräfte. Und lecker ist es auch noch!

* Butter in einem großen Topf schmelzen lassen. Einmal aufkochen und dann bei kleinster Hitze 30 Minuten köcheln lassen. Dabei nicht umrühren!

* Nach 30 Minuten sollte sich ein heller bis leicht brauner Bodensatz gebildet haben und das Fett darüber klar sein. Ein Haarsieb mit einem Küchentuch auslegen und das Ghee darin absieben. Es ist nun eine gelborange Flüssigkeit entstanden, die fast leuchtet. Bei Zimmertemperatur erstarren lassen.

Knoblauchpaste

Knoblauchpaste ist rasch zur Hand und erspart beim Kochen das Schälen, Pressen oder Schneiden von frischem Knoblauch, wenn es schnell gehen soll. Schon ein kleiner Löffel davon verfeinert das Essen.

❖ Das folgende Rezept ergibt diese **Menge:** etwa 400 g
❖ **Aufbewahrung:** kühl und dunkel, dicht verschlossen, haltbar 1 Jahr

100 g geschälter Knoblauch
1 EL Zitronensaft
300 ml Pflanzenöl

❋ Es ist ganz wichtig, dass alle Zutaten Raumtemperatur haben! Den Knoblauch in ein hohes Gefäß geben und mit dem Zitronensaft pürieren. Nach und nach in sehr kleinen Mengen das Öl dazugeben, dabei immer weiter mit dem Pürierstab Luft in die Masse bringen. Weitermixen, bis die Paste die Konsistenz von Mayonnaise hat. In saubere Gläser füllen und kühl aufbewahren. Das braucht nicht unbedingt im Kühlschrank zu sein, auch ein kühler Keller eignet sich. Knoblauchpaste hält sich lange. Allerdings sollte man darauf achten, dass man immer mit einem sauberen Löffel ins Glas geht.

.... **Tipp**

Der Zitronensaft dient dazu, die helle, appetitliche Farbe der Knoblauchpaste zu erhalten. Herausschmecken kann man ihn nicht. Wer lieber darauf verzichten möchte, kann das machen. Allerdings wird die Paste dann eher einen bräunlichen Ton annehmen.

TAPENADE

Tapenade, eine aromatische Olivenpaste, wird in Frankreich zusammen mit Baguette gerne als Vorspeise gereicht. Man kann grüne und schwarze Oliven mischen, oder man bleibt bei einer Farbe. Ich mag besonders gerne die Tapenade mit Kalamata-Oliven.

❖ Das folgende Rezept ergibt diese **Menge:** etwa 150 g
❖ **Aufbewahrung:** im Kühlschrank, dicht verschlossen, haltbar mindestens 2 Wochen

1 – 2 Zehen Knoblauch
100 g Oliven, entsteint
2 EL Kapern
1 EL Petersilie, frisch gehackt
1 EL Zitronensaft
1 – 2 EL Olivenöl
eventuell etwas Meersalz
etwas Olivenöl zum Versiegeln

✳ Den Knoblauch schälen. Oliven, Knoblauch, Kapern und Petersilie mit Zitronensaft und Olivenöl im Mixer pürieren. Dabei ist es Geschmackssache, ob die Tapenade noch kleine Stückchen enthält oder eine eher glatte Konsistenz bekommt. Vom Öl erst einmal nur 1 EL zugeben, noch einen zweiten, wenn die Paste nicht weich genug ist.

✳ Bei Bedarf mit Salz nachwürzen, meist ist die Tapenade aber schon würzig genug. Die Paste in ein sauberes Glas geben, etwas Olivenöl zur Versiegelung aufgießen und kühl lagern.

THAI CURRY PASTE

Eigentlich müsste man sagen »Currypaste nach Thai-Art«, weil ich die Zubereitung für mein Rezept verändert habe. Zum einen, weil einige traditionell verwendete Zutaten hierzulande nicht so einfach zu bekommen sind. Zum anderen, weil Fischsauce und andere Originalzutaten für Vegetarier nicht in Frage kommen. Trotzdem ähnelt die Thai Curry Paste sehr dem Original. Eine Besonderheit ist, dass Sie durch die Wahl der Paprika auch die Farbe der Paste variieren können: rote Paprika für rote Paste, gelbe für gelbe, grüne für grüne.

❖ Das folgende Rezept ergibt diese **Menge**: etwa 350 g
❖ **Aufbewahrung**: im Kühlschrank, dicht verschlossen, haltbar mindestens 2 Monate

300 g Paprikaschoten (rot oder gelb oder grün)
1 – 10 frische rote Chilischoten (siehe Tipp)
1 Bund frischer Koriander (Blätter und Stängel)
50 g Knoblauch
20 g frischer Ingwer
2 EL frisches Zitronengras, klein geschnitten
1 EL Koriander, gemahlen
1 EL abgeriebene Zitronenschale (siehe auch Seite 101)
2 TL Meersalz
1 TL schwarzer Pfeffer, gemahlen
1 TL Kurkumapulver (2 TL für die gelbe Paste)

❋ Die Paprika entkernen und in Stücke schneiden. Chilischoten und frischen Koriander zerkleinern. Knoblauch und Ingwer schälen. Alle Zutaten im Mixer oder mit dem Pürierstab zu einer Paste zermusen.

❋ In einer großen Pfanne unter Rühren 20 Minuten köcheln lassen, sodass ein Großteil der enthaltenen Flüssigkeit verdampfen kann und eine pastenartige Konsistenz entsteht. In saubere Schraubgläser füllen und im Kühlschrank aufbewahren.

Verwenden

- Für ein leckeres **Thai Curry** 3–4 EL Thai Curry Paste in einer Pfanne ohne Öl kurz erhitzen. Wer mag, kann noch gehackte Zwiebeln und Knoblauch zugeben und 1–2 Minuten darin garen lassen.
- Mit 400 ml Kokosmilch ablöschen und gut verrühren. Klein geschnittenes Gemüse wie Paprika, Kartoffeln, Bohnen, Karotten, Tomaten zugeben und etwa 15 Minuten garen – mmh!

Tipp

Wie viele Chilischoten Sie in Ihre Currypasten geben, kommt auf die Schärfe der Chilischoten und natürlich auf Ihren persönlichen Geschmack an. Denken Sie daran: Nachwürzen geht immer noch!

1 Chilischote: sehr mild; 2 Chilischoten: mild; 3–4 Chilischoten: mittelscharf;
5–6 Chilischoten: scharf; 7–9 Chilischoten: sehr scharf; 10 und mehr Chilischoten: Hilfe!!

Süsssaure Chilisauce

Süßsaure Chilisauce (nam chim kai) kommt aus der thailändischen Küche und wird dort zum Dippen für Gerichte aller Art verwendet. Mittlerweile ist sie auch bei uns sehr bekannt und beliebt. Ihre Zubereitung ist ganz einfach, sie ist schnell gemacht und hält sich auch angebrochen lange im Kühlschrank. Wer die Sauce auf Vorrat kochen möchte, kann einfach die Mengen vervielfachen.

❖ Das folgende Rezept ergibt diese **Menge:** etwa 600 ml
❖ **Aufbewahrung:** kühl und dunkel, dicht verschlossen, haltbar mindestens 6 Monate

5 Zehen Knoblauch
5 frische Chilischoten
300 ml Wasser
200 ml flüssiger Honig
125 ml Weißweinessig
1 – 2 TL Meersalz
5 TL Speisestärke
etwas Wasser zum Anrühren der Speisestärke
1 Limette

✳ Knoblauch schälen und Chilischoten vierteln. Beides zusammen im Mixer kurz pürieren. Wasser, Honig, Essig und Salz zugeben und pürieren, bis die Chilischoten zerkleinert sind. Die Speisestärke mit etwas kaltem Wasser anrühren und unter die Sauce rühren. Noch einmal 10 Minuten köcheln lassen, dabei ständig rühren, damit die Sauce nicht anbrennt. Den Saft der Limette auspressen und die Sauce damit abschmecken.

✳ Die kochend heiße Sauce in heiß ausgespülte, saubere Flaschen füllen und gleich fest verschließen.

HUMMUS

Hummus schmeckt lecker als Brotaufstrich, als Dip, Füllung für Wraps oder zu Salaten. Je nach Verwendungszweck können Sie die Konsistenz eher fest oder eher breiig wählen, indem Sie mehr oder weniger Kichererbsen-Kochflüssigkeit dazugeben. Verändern Sie Ihr eigenes Hummusrezept durch Zugabe von Gewürzen, püriertem gekochten oder rohen Gemüse, Kräutern und was Ihnen noch gefällt.

❖ Das folgende Rezept ergibt diese **Menge:** etwa 600 g
❖ **Aufbewahrung:** im Kühlschrank, dicht verschlossen, haltbar etwa 2 Wochen

480 g gegarte Kichererbsen
2 Zehen Knoblauch
2 Zitronen
4 EL Tahin (Rezept siehe Seite 166)
2 EL Olivenöl
1 EL Paprikapulver edelsüß
2 EL Kreuzkümmel, gemahlen
wer es etwas schärfer mag: 1 TL Pul Biber (siehe Seite 36)
1 TL Meersalz

❋ Die gegarten Kichererbsen abgießen. Die Flüssigkeit auffangen, damit können Sie die Konsistenz des Hummus noch variieren. Die Knoblauchzehen schälen und durch die Knoblauchpresse drücken. Den Saft der Zitronen auspressen.
❋ Alle Zutaten im Mixer zu einer feinen Paste verarbeiten und in einem dicht schließenden Glas im Kühlschrank aufbewahren.
❋ Rühren Sie vor dem Servieren 1 EL Paprikapulver – je nach Geschmack edelsüß oder rosenscharf – mit etwas Öl an und träufeln Sie es auf das Hummus. So wird es traditionell serviert.

Salatdressing

Frische Salate sind lecker und gesund, doch oft ist in der Hektik des Alltags wenig Zeit dafür. Da helfen die selbst gemachten fertigen Salatdressings, die man nur noch aus dem Kühlschrank holen und einmal gut aufschütteln muss. Noch ein paar frische Zutaten schnippeln und fertig ist der Salat.

Die fertigen Dressings eignen sich auch sehr gut für ein Buffet, fürs Picknick oder für die Mahlzeit im Büro.

❖ Die folgenden Rezepte ergeben diese **Mengen:** etwa 750 ml pro Mischung
❖ **Aufbewahrung:** im Kühlschrank, dicht verschlossen, haltbar mindestens 1 Monat

Kräuterdressing

1 kleine Zwiebel
1 Zehe Knoblauch
etwa 1 Bund frische Kräuter nach Belieben
300 g Joghurt
2 EL Senf (Rezepte siehe ab Seite 127)
1 TL Honig
100 ml Weißweinessig
150 ml Wasser
120 ml Pflanzenöl (zum Beispiel Rapsöl oder Olivenöl)
2 TL Meersalz
schwarzer Pfeffer, gemahlen

✳ Zwiebel und Knoblauch schälen und ebenso wie die Kräuter fein schneiden. Zusammen mit Joghurt, Senf, Honig und zuerst wenig Essig verrühren, damit sich alles gut löst. Dann den restlichen Essig und die übrigen Zutaten dazugeben, mischen und kurz aufschlagen. In eine Flasche füllen und im Kühlschrank lagern. Vor Gebrauch schütteln.

HONIG-BALSAMICO-DRESSING

2 Zehen Knoblauch
7 EL Honig
2–3 EL mittelscharfer Senf
150 ml roter Balsamico
500 ml Olivenöl
1 TL Meersalz
½ TL schwarzer Pfeffer, gemahlen

✳ Den Knoblauch schälen und sehr fein schneiden oder durch die Knoblauchpresse drücken. Zusammen mit dem Honig, Senf und zuerst einer kleinen Menge Balsamico verrühren, damit sich alles gut löst. Dann den restlichen Balsamico und das Olivenöl sowie Salz und Pfeffer zugeben und gut aufschlagen. In eine Flasche füllen und im Kühlschrank lagern. Vor Gebrauch schütteln.

MOHNDRESSING

1 Zwiebel
120 g Roh-Rohrzucker
2 EL Mohn
1 EL Senf (Rezepte siehe ab Seite 127)
3 EL Schmand
2 TL Meersalz
200 ml Weißweinessig
400 ml neutrales Pflanzenöl

✳ Die Zwiebel schälen und sehr fein schneiden. Zucker, Mohn, Schmand, Senf und Salz mit einem Teil des Essigs glatt rühren. Die Zwiebel, den restlichen Essig und das Öl dazugeben und gut aufschlagen. In eine Flasche füllen und im Kühlschrank lagern. Vor Gebrauch schütteln.

Salted Caramel Sauce

Salted Caramel Sauce kann man oben auf den Latte Macchiato geben, sie schmeckt gut zu Eis, Kuchen, allen Arten von Desserts und sogar pur. Das Rezept ergibt etwa einen halben Liter. Der soll sich im Kühlschrank etwa einen Monat lang halten. Sagt man, denn so lange bleibt gar nichts davon übrig.

❖ Das folgende Rezept ergibt diese **Menge:** etwa 500 ml
❖ **Aufbewahrung:** im Kühlschrank, dicht verschlossen, haltbar etwa 1 Monat

200 g Roh-Rohrzucker
60 g raumtemperierte Butter
250 g Crème fraîche
1 TL Fleur de Sel oder einfaches Meersalz

❋ In einer trockenen Pfanne den Zucker schmelzen und unter Rühren karamellisieren lassen. Vorsicht, damit der Zucker nicht zu dunkel wird, das geht schnell! Die Butter dazugeben und unterrühren, ebenso die Crème fraîche. Vom Herd nehmen, das Fleur de Sel darüberstreuen und kurz unterrühren. Fleur de Sel eignet sich besonders gut, weil es aus nicht so großen Kristallen besteht.
❋ In ein sauberes Gefäß füllen, abkühlen lassen und kühl aufbewahren.

DIE AUTORIN

Jutta Grimm studierte in Trier Haushalts- und Ernährungstechnik. Die Erfahrungen aus ihrem Studium und ihr Interesse an einer gesunden und ökologischen Lebensweise brachten sie zum pala-verlag, wo sie unter anderem auch bei den Zeitschriften »Schrot&Korn« und »Biogarten« mitgearbeitet hat. Sie ist Autorin zahlreicher Ernährungsratgeber.

Im pala-verlag sind von Jutta Grimm außer diesem Buch die Titel »Statt Plastik«, »Vegetarisch grillen«, »Brotaufstriche selbst gemacht«, »Vollwert-Muffins«, »Vollwert-Naschereien« sowie »Shiitake und Austernpilze« erschienen.

Mehr von Jutta Grimm: www.grimmskram.net

DIE FOTOGRAFIN

Hanna Bien studierte Kultur- und Medienbildung in Ludwigsburg. Unter dem Namen »Bilder von Herzen« ist sie heute in der Hochzeits- und Porträtfotografie tätig. Zusammen mit Jutta Grimm arbeitete sie bereits an mehreren Buch- und Zeitschriftenprojekten, unter anderem für die Zeitschrift »Einfach Hausgemacht«.

Mehr von Hanna Bien: www.bildervonherzen.de

Verzeichnis der Rezepte

vegetarisch, vollwertig, gesund

Jutta Grimm:
Vegetarisch grillen
ISBN: 978-3-89566-301-7

Jutta Grimm:
Vollwert-Naschereien
ISBN: 978-3-89566-241-6

Jutta Grimm:
Brotaufstriche selbst gemacht.
ISBN: 978-3-89566-248-5

Böckel / Schröder / Wagner:
Flowfood
Snacks für mehr Energie,
Fitness und Konzentration
ISBN: 978-3-89566-386-4

Andere Bücher aus dem pala-verlag

Irmela Erckenbrecht
und Peter Reichenbach:
Farbstark mit sevengardens
ISBN: 978-3-89566-370-3

Jutta Grimm:
Statt Plastik
ISBN: 978-3-89566-348-2

Ulrike Aufderheide
und Edwin Schröter:
Workshop Korbflechten
ISBN: 978-3-89566-369-7

Uwe Westphal:
**Das große Buch
der Gartenvögel**
ISBN: 978-3-89566-375-8

Gesamtverzeichnis bei:
pala-verlag, Rheinstraße 35, 64283 Darmstadt, www.pala-verlag.de

ISBN: 978-3-89566-373-4
© 2017: pala-verlag,
Rheinstraße 35, 64283 Darmstadt
www.pala-verlag.de
2. korrigierte Auflage 2019

Bildnachweis:
alle Fotos: Hanna Bien
www.bildervonherzen.de

Lektorat: Angelika Eckstein

Druck und Bindung: BELTZ Bad Langensalza GmbH
www.beltz-grafische-betriebe.de
Printed in Germany

Gedruckt auf
100% Recyclingpapier